Renate Ettl

Pferde naturgemäß und artgerecht halten

**Nutzungsorientierte Pferdehaltung
Weidewirtschaft · Praxistips**

Renate Ettl

Pferde naturgemäß und artgerecht halten

Nutzungsorientierte Pferdehaltung
Weidewirtschaft · Praxistips

PFERDEPRAXIS

BLV

Impressum

Die Deutsche Bibliothek – CIP-Einheitsaufnahme

Ettl, Renate
Pferde naturgemäß und artgerecht halten : nutzungsorientierte
Pferdehaltung, Weidewirtschaft, Praxistips / Renate Ettl. –
München ; Wien ; Zürich : BLV, 1998
   (BLV Pferdepraxis)
   ISBN 3-405-15503-7

Bildnachweis
Alle Fotos von Renate Ettl, außer:
E. Escher: S. 5, 105
J. Kemmler: S. 42
L. Lenz: S. 6, 8, 26, 27, 37, 40, 49, 51, 59, 68, 83, 87, 100
C. Slawik: S. 32, 75, 78, 79

Illustrationen von Kerstin Diacont: S. 23, 103, 108/109

Grafik S. 11, 12, 13 aus:
Die BLV Enzyklopädie der Pferde, BLV München

Umschlagfoto: Christiane Slawik
Umschlaggestaltung: Werbeagentur Sander & Krause, München
Layout: Atelier Steinbicker, München
Herstellung: Manfred Sinicki

BLV Verlagsgesellschaft mbH München Wien Zürich
80797 München

© 1998 BLV Verlagsgesellschaft mbH, München

Das Werk einschließlich aller seiner Teile ist urheberrechtlich
geschützt. Jede Verwertung außerhalb der engen Grenzen des
Urheberrechtsgesetzes ist ohne Zustimmung des Verlages
unzulässig und strafbar. Das gilt insbesondere für Vervielfältigungen, Übersetzungen, Mikroverfilmungen und die Einspeicherung und Verarbeitung in elektronischen Systemen.

Gesamtherstellung: Neue Stalling, Oldenburg
Lithos und Filmbelichtung: Lanarepro, Lana (Südtirol)
Gedruckt auf chlorfrei gebleichtem Papier

Printed in Germany · ISBN 3-405-15503-7

Zurück zur Natur – ein alter Slogan, der aber gerade in der Pferdehaltung so populär wie nie zuvor ist. Man hat längst erkannt, daß eine natürliche Haltungsform der Pferde nicht nur für das Tier, sondern vor allem auch für die Nutzung durch den Menschen enorme Vorteile mit sich bringt.

Die seelische und körperliche Ausgeglichenheit von naturnah gehaltenen Pferden versprechen dem Reiter einen sicheren Umgang mit dem Tier und mehr Freude durch eine spürbar höhere Leistungsbereitschaft des Pferdes. Ein besonders bedeutungsvoller und vorteilhafter Aspekt der natürlichen Haltungsform ist der gesundheitsfördernde Faktor für das Pferd. Diese Eigenschaften kommen sowohl dem Sport- als auch dem Freizeitreiter zugute.

Erst im Zuge des Freizeitreiter-Booms der letzten beiden Jahrzehnte ist die natürliche Haltungsform aufgekommen und hat immer stärker an Bedeutung gewonnen. Dennoch werden immer noch über 75 Prozent aller Reitpferde ungeachtet ihrer natürlichen Bedürfnisse in engen, dunklen Einzelhaftboxen gehalten. Viele Pferdebesitzer mangelt es an Gelegenheiten, ihre Tiere naturnah zu halten, andererseits aber wissen immer noch zu wenige Pferdefreunde tatsächlich, welche natürlichen Bedürfnisse Pferde haben.

Erst durch dieses Wissen kann dem Pferdebesitzer deutlich werden, daß die heutzutage allerorts übliche Boxenhaltung keineswegs der Mindestanforderung einer modernen, sprich natürlichen, Pferdehaltung gerecht wird, weil sie simpel ausgedrückt nicht pferdegerecht ist. Zu viele Pferdebesitzer beruhigen ihr Gewissen, indem sie sich stets an der Einstellung ihrer Reiterkollegen orientieren, ganz nach dem Motto: »Was alle machen, kann nicht falsch sein.«

Der Fehler, als Maßstab die Meinung anderer Leute geltend zu machen, verdrängt die Notwendigkeit, auf die einfachen, elementaren Bedürfnisse der Pferde zu achten.

INHALT

Seite 08

1. Mit der Zeit gehen

Seite 10

2. Die Natur des Pferdes

Entstehung des Pferdes

Natürliche Lebensweise

Verhaltensmuster und Verständigung

Rassespezifische und andere Unterschiede

Wildpferdeherden heute

Seite 40

3. In der Obhut des Menschen

Vom Wildpferd zum Hauspferd

Allgemeine Gedanken zur Pferdehaltung

Die Boxenhaltung

Die Auslaufhaltung

Zwischenlösungen

INHALT

Seite 60

**4.
Die Praxis**

Wunschvorstellung und Realität

Der eigene Stall

Haltergemeinschaften

Pensionspferdehaltung

Der Stallbau

Seite 83

**5.
Die Weide**

Bewegungsareal und Futterquelle

Weidewirtschaft

Der Weidezaun

Seite 96

**6.
Tips rund um
den Pferdestall**

Wasserversorgung

Tips für die Fütterung

Zusätzliche Überlegungen

Seite 108

**7.
Die ethischen
Grundsätze**

7

Mit der Zeit gehen

Kaum ein anderes Tier hat dem Menschen je besser gedient als das Pferd. Als Nahrungsmittel, Kriegsroß, Zugpferd, Fortbewegungsmittel, Arbeitstier und in neuerer Zeit als Sportgerät und Freizeitkamerad war und ist das Pferd dem Menschen von größerem Nutzen als je ein anderes Tier es war.

Das Pferd erlebte einen neuen Aufschwung als Sport- und Freizeitkamerad.

Zunächst galt es dem Menschen als Nahrungsquelle. Später erkannte man, daß das Pferd noch anderweitig Nutzen bringen konnte. Es gelang, das Huftier einzufangen und zu domestizieren. Zunächst wurde es dazu eingesetzt, Lasten zu ziehen, doch bald schon schwang sich der Mensch auch auf seinen Rücken und nutzte es als bequemes und schnelles Fortbewegungsmittel.

Noch bis vor 50 Jahren zählte das Pferd wie das Schwein und das Rind zur Sparte der Nutztiere. Es wurde hauptsächlich als Arbeitskraft eingesetzt, um den Pflug über die Äcker zu ziehen. Nachdem Auto und Traktoren das Pferd als Fortbewegungsmittel und Arbeitstier überflüssig gemacht hatten, ging der Bestand radikal zurück.
Einen neuen Aufschwung erlebt das Pferd nun in der Neuzeit als Sport- und Freizeitkamerad.
Das Pferd muß nun nicht mehr gehalten werden, weil es einen bestimmten Zweck zu erfüllen hat, sondern zieht in den meisten Fällen deshalb in die Stallungen ein, weil sich viele Menschen freizeit- und hobbymäßig mit dem Pferd beschäftigen wollen.
Die Unterbringung von Pferden stellte immer ein Problem dar, wenn man sie von der Seite der

1. Mit der Zeit gehen

Tiere aus betrachtet. Das ehemalige Steppentier wurde seit seiner Domestizierung meist in dunklen, engen Stallungen untergebracht, damit die Tiere sofort zur Stelle waren, wenn man sie benötigte.

Von artgerechter Haltung konnte keine Rede sein, doch solange die Tiere ihren Zweck erfüllten, konnte dies dem Pferdehalter so ziemlich egal sein. Das Pferd war eben ein Nutztier. So wie heutzutage die Massentierhaltung von Schweinen, Rindern oder Hühnern immer noch toleriert wird, weil man auf das Schnitzel oder das Frühstücksei nicht verzichten möchte, sorgte man sich auch beim Pferd nicht allzusehr darum, ob man glückliche und zufriedene Pferde im Stall stehen hat, solange sie ihre Arbeit taten. Häufig hatten die Menschen genug damit zu tun, ihre eigenen lebensnotwendigen Bedürfnisse zu decken. Sie hatten andere Sorgen, als sich um eine saftige Weide für ihre Pferde zu kümmern.

Der Fortschritt hat im europäischen Raum einen gewissen Wohlstand mit sich gebracht, so daß sich kaum einer mehr Sorgen um sein eigenes Überleben machen muß. Maschinen erleichtern den Landwirten, ihre Felder zu bestellen und lassen eine Überproduktion an landwirtschaftlichen Produkten zu.

Das Pferd hat ausgedient und wird nicht mehr gebraucht. Der Pferdeliebhaber kann froh darüber sein, denn wenn auch die Zahl der Pferde rapide gesunken ist, hatten die Tiere sicherlich kein artgerechtes und glückliches Leben.

Heute, da das Pferd einen neuen Aufschwung als Sport- und Freizeitpartner erfahren hat, sind andere Voraussetzungen vorhanden, Pferde zu halten und zu »nutzen«.

Obwohl es nicht mehr notwendig ist, Pferde für einen dringenden Zweck zu halten, stellt der Mensch dennoch häufig seine eigenen Ansprüche in den Vordergrund, die sich nun um Macht, Geld oder das Ausleben persönlicher Freiheiten drehen, aber nicht mehr um sein eigenes Überleben. Rechtfertigen diese Bedürfnisse eine grenzenlose Ausbeutung der Tiere?

Eigentlich nicht, sollte man denken, doch die eben schon angesprochene, keineswegs artgerechte Massentierhaltung verschiedenster sogenannter Nutztiere (um bei diesem Beispiel zu bleiben) zeugt vom Gegenteil. Sogar Leute, die sich selbst als Pferdeliebhaber bezeichnen, grenzen sich hiervon nicht aus und halten ihre Pferde in muffigen, dunklen und engen Stallungen, ohne an deren natürliche Bedürfnisse zu denken.

Dabei kann den Pferdebesitzern nicht einmal immer ein Vorwurf gemacht werden, denn zum einen machen sie es ja lediglich so wie alle anderen (und kennen es deshalb nicht anders), zum anderen stehen oftmals keine anderen Möglichkeiten der Pferdehaltung zur Verfügung.

Dennoch können durch das Wissen um die natürlichen Bedürfnisse der Pferde sowie mit kleinen baulichen Veränderungen ungeahnte Verbesserungen geschaffen werden.

Die Liebe zum Pferd und nicht der Nutzungsanspruch sollte bei der Pferdehaltung im Vordergrund stehen.

Es sollte sich langsam ein Umdenken bei den Pferdebesitzern einstellen, wobei nicht die Nutzung des Pferdes in den Vordergrund gestellt wird, sondern die Liebe zum Pferd. Pferdeliebe schließt aber die Erfüllung dessen natürlicher Bedürfnisse mit ein, welche ein zufriedeneres und ausgeglicheneres Pferdeleben – und damit auch die Zufriedenheit des Pferdefreundes – garantieren. In einer modern orientierten Gesellschaft hat traditionelles Denken keinen Platz, zumal es sich nur negativ auswirken kann, wenn der Fortschritt die Möglichkeiten zu Verbesserungen geschaffen hat.

2. Die Natur der Pferde

Entstehung des Pferdes

Blickt man auf den Anfang der Entwicklungsgeschichte des Pferdes zurück, stellt man fest, daß Mensch und Pferd dieselben Vorläufer hatten, genauso wie viele andere Lebewesen. Die Wissenschaft ist sich einig, daß sich alles Leben im Wasser entwickelt hat. Die Entwicklung der ersten Fische zu Amphibien, Reptilien und schließlich Säugetieren sowie eine vielfältige Verzweigung in alle möglichen Lebensbereiche brachte in der Jahrmillionen dauernden Entwicklungsgeschichte die heutige Artenvielfalt hervor.

Die natürlichen Bedürfnisse des Pferdes zu kennen, ist die Grundlage für die artgerechte Haltung.

2. Die Natur der Pferde

Die gemeinsame Entwicklung von Mensch und Pferd spaltete sich aber schon vor 100, aber wenigstens vor 75 Millionen Jahren. Trotz eines völlig unterschiedlichen Äußeren haben Pferd und Mensch doch viele Eigenschaften gemeinsam. Man braucht nur das Skelett zu vergleichen oder daran zu denken, daß beide Spezies Säugetiere sind. Dennoch haben sich im Laufe von vielen Millionen Jahren extreme Unterschiede herauskristallisiert.

Diese Unterschiede in all ihren Facetten zu erfassen, sollte das Ziel des Pferdeliebhabers sein, um der Art seines Vierbeiners in jeder Hinsicht gerecht zu werden, wenn er Pferde halten und damit umgehen will.

VOM KLEINEN EOHIPPUS ZUM URPFERD

Die Entwicklungsgeschichte des Pferdes können die Wissenschaftler bis zum sogenannten Eohippus, oder auch Hyracotherium genannt, mittlerweile ziemlich genau zurückverfolgen. Vor dem Eohippus allerdings klafft eine Lücke, die weiteren Pferdevorfahren sind nicht hundertprozentig klar. Doch dies muß nicht weiter stören, denn Eohippus lebte schon vor ungefähr 50 Millionen Jahren, und die jeweiligen Zwischenstufen bis hin zum Urpferd können die Entwicklung der Pferde sehr schön darstellen.

Größe: 35 cm

So sah Eohippus wahrscheinlich aus. Er war für das Überleben als Laubfresser in Waldgebieten gerüstet.

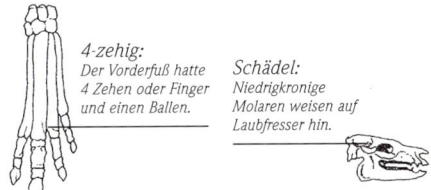

4-zehig:
Der Vorderfuß hatte 4 Zehen oder Finger und einen Ballen.

Schädel:
Niedrigkronige Molaren weisen auf Laubfresser hin.

Eohippus

Größe: 45 cm

Im Oligozän vor 35–40 Mio. Jahren entwickelte sich aus Eohippus der größere, 3-zehige Mesohippus.

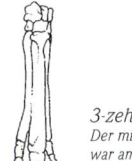

3-zehig:
Der mittlere Zeh war am stärksten betont.

Schädel:
Es gibt Ansätze von Prämolaren oder Schneidezähnen.

Mesohippus

11

2. Die Natur der Pferde

Miohippus, eine etwas weiter entwickelte Form (Extremitäten und Zahnbau betreffend) von Mesohippus trat im späten Oligozän vor 30 Mio. Jahren auf.

Größe: 60 cm oder größer

3-zehig:
Die Seitenzehen stehen immer noch deutlich vor.

Schädel:
Die Schneidezähne bilden sich immer mehr aus.

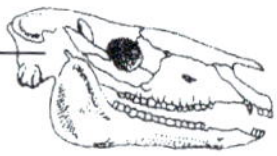

Miohippus

Eohippus hatte mit dem heutigen Pferd äußerlich kaum Gemeinsamkeiten. Schon allein die Größe erinnert eher an einen Hund als an ein Pferd. Mit seinen 25–50 cm und einem rund geformten Rücken glich es eher einem hasenähnlichen Tier.

Darum wurden die ersten Funde in Europa mit dem Hyraces (Klippschliefer oder auch Kaninchen) verglichen, wobei der Name Hyracotherium (klippschlieferartiges Tier) entstand.

In Amerika entdeckte man später Fossilien, die man Eohippus nannte (da man in den Funden bereits die Vorstufe der Pferde erkannte), die dem Hyracotherium aber so extrem ähnelten, daß man sie nicht in zwei verschiedene Gattungen aufteilen konnte. Nach den Regeln für die zoologische Namensgebung blieb man bei der Erstbenennung, also beim Hyracotherium als wissenschaftlich korrekte Bezeichnung. Dennoch hat sich der Name Eohippus im Volksmund durchgesetzt, wohl deshalb, weil er einfacher zu behalten und der Pferdevorfahr schon aus dem Namen ersichtlich ist.

Merychippus, die Pferdeform des mittleren und späten Miozäns, war größer als die Vorläufer und von der äußeren Erscheinung her eher als Pferd zu erkennen.

Größe: 90cm

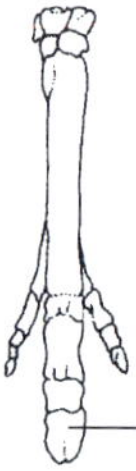

3-zehig:
Das Gewicht lastete vermehrt auf dem mittleren Zeh.

Schädel:
Die für einen Grasfresser erforderlichen Schneidezähne sind nun deutlich ausgebildet.

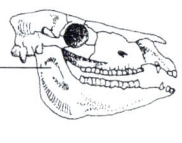

Merychippus

2. Die Natur der Pferde

Der Grund dafür, daß sowohl in Europa als auch in Amerika identische Fossilien gefunden wurden, liegt darin, daß in der Eozän-Epoche, als Eohippus die Erde bevölkerte, die beiden Kontinente Europa und Amerika noch nicht voneinander getrennt waren.

Eohippus konnte aufgrund seiner Gebißstruktur noch kein Gras fressen, sondern war als Waldbewohner auf Laub spezialisiert. Wohl durch klimatische Veränderungen, denen immer mehr Waldflächen zum Opfer fielen, sich dafür aber Steppen ausweiteten, war eine evolutionäre Entwicklung notwendig geworden: Der Laubfresser mußte sich zum Grasfresser entwickeln, wollte er überleben.

Das Leben auf weitläufigen Steppen und Grasflächen behinderte nun auch das Größenwachstum nicht mehr, denn die Nachkommen von Eohippus waren nicht mehr darauf angewiesen, durch dichtes Unterholz zu schlüpfen. Vielmehr konnten sie von höherer Warte aus die weiten Ebenen besser überblicken.

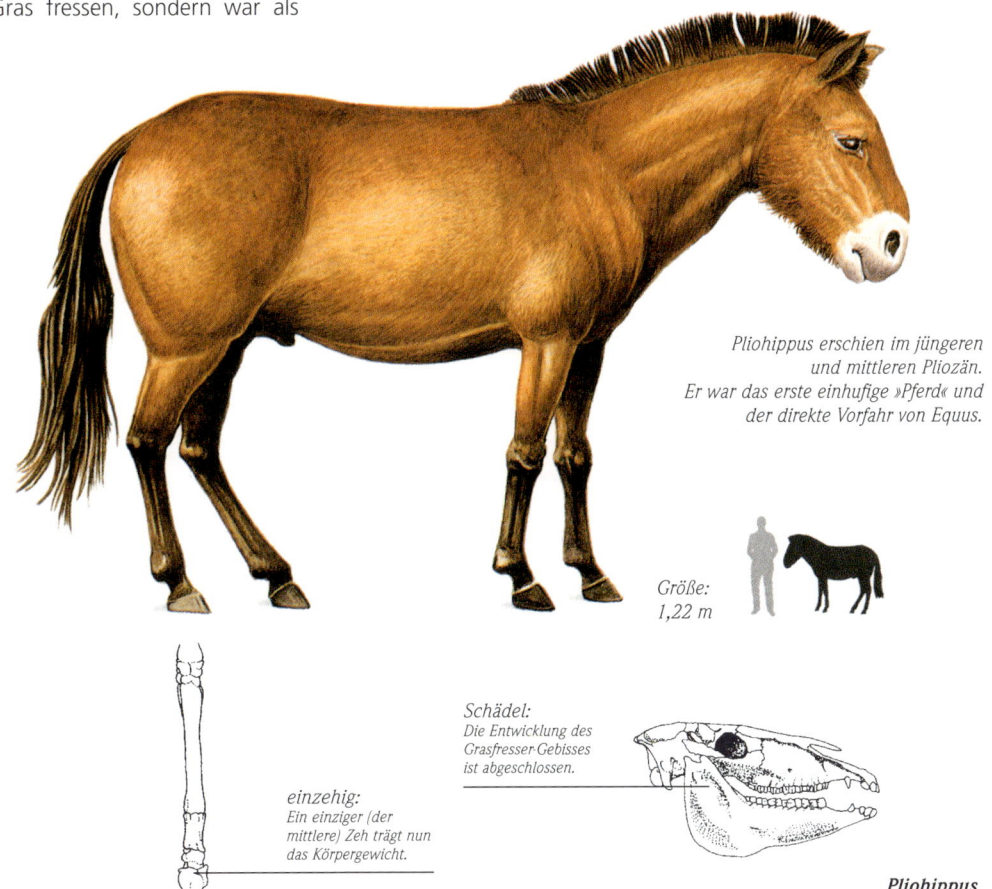

Pliohippus erschien im jüngeren und mittleren Pliozän. Er war das erste einhufige »Pferd« und der direkte Vorfahr von Equus.

Größe: 1,22 m

einzehig:
Ein einziger (der mittlere) Zeh trägt nun das Körpergewicht.

Schädel:
Die Entwicklung des Grasfresser-Gebisses ist abgeschlossen.

Pliohippus

13

2. Die Natur der Pferde

Somit entwickelte sich in mehreren Millionen Jahren über verschiedene Zwischenstufen das Urpferd.

Markante Veränderungen waren dabei die Umformung der Knochenstruktur, wobei der weiche, biegsame Rücken sich zu einem festen, stabilen und geraden Rückgrat ausbildete, die Zähne unterlagen einer mannigfaltigen Entwicklung, aber auch die Evolution der Gehirnstruktur schaffte ein wesentlich intelligenteres Wesen, als Eohippus es war. Besonders augenfällig ist auch die Umwandlung des mehrzehigen Waldbewohners zum Einhufer. Schon Eohippus hatte seine Gliedmaßen auf vier Zehen an den Vorderbeinen und drei Zehen an den Hinterbeinen reduziert, denn sicher ist, daß alle Säugetiere ursprünglich fünfgliedrige Extremitäten hatten (und viele auch heute noch haben – wie beispielsweise der Mensch). Der Nachfolger von Eohippus hatte noch jeweils drei Zehen, das heutige Pferd läuft lediglich noch auf der mittleren Zehe. Das Griffelbein ist dabei ein Überbleibsel einer verkümmerten Zehe.

Eohippus ist der ältieste bekannte Urahn des Pferdes.

Nachdem sich die Kontinente Europa und Amerika voneinander getrennt hatten, konnte es keine Vermischungen mehr unter den beiden Eohippus-Arten in Amerika und Europa geben. Interessanterweise entwickelten

Name	Zeitraum der Epoche	Epoche	Laub-/ Grasfresser	Zehenentwicklung
Eohippus (Hyracotherium)	35–50 Millionen	frühes Eozän	Laubfresser	vorne vier, hinten drei Zehen
Orohippus	35–50 Millionen	mittleres Eozän	Laubfresser	Dreizeher
Epihippus	35–50 Millionen	spätes Eozän	Laubfresser	Dreizeher
Mesohippus	25–35 Millionen	frühes und mittleres Oligozän	Laubfresser	Dreizeher
Miohippus	25–35 Millionen	mittleres und spätes Oligozän	Laubfresser	Dreizeher
Parahippus	10–25 Millionen	frühes bis spätes Miozän	Laubfresser	Dreizeher
Merychippus	10–25 Millionen	mittleres bis spätes Miozän	Grasfresser	Dreizeher
Pliohippus	3–10 Millionen	frühes bis mittleres Pliozän	Grasfresser	Einzeher
Equus	10.000 Jahre – 3 Millionen	spätes Pliozän oder Pleistozän bis zur rezenten Zeit	Grasfresser	Einzeher

2. Die Natur der Pferde

sich beide Arten völlig verschiedenartig weiter. Nur aus den amerikanischen Eohippus-Nachkommen sind unsere heutigen Pferde entstanden. Obwohl die Entwicklung des Pferdes komplexer ist als man denkt, konnten die Wissenschaftler eine Abstammungslinie erstellen (siehe vorhergehende Seite).

Equus ist die Bezeichnung für ein Pferd, das wir als Urpferd kennen. Es kommt wohl dem Przewalskipferd am nächsten. Aber auch der ausgestorbene Tarpan (der in rückgezüchteter Form noch in Tiergärten zu bewundern ist) gehört zu den echten Wildequiden. Von diesen ursprünglichen Pferdetypen stammen letztendlich alle Hauspferde ab.

Das Przewalskipferd kommt dem Urwildpferd am nächsten.

ENTSTEHUNG DER RASSEN

Die Entwicklung von Pferden zu bestimmten Typen, Rassen und Schlägen ist sehr komplex und nicht jede Pferderasse kann hundertprozentig auf einen bestimmten Urtyp zurückgeführt werden. Vielmehr muß man sehr häufig Vermutungen anstellen und sich auf Spekulationen stützen.

Sieht man sich die überaus große Zahl von verschiedenen, heute existenten Pferderassen an – es sind derer an die 60 – wird bei vielen Pferdeliebhabern das Interesse geweckt, auf welche Weise die Rassen entstanden sind. Ganz besonders aber deshalb, weil sich die Rassen oftmals sehr stark voneinander unterscheiden.

Man braucht nur mal das Shetlandpony dem Shirehorse gegenüberzustellen oder den Araber dem Islandpferd. Es sind völlig gegensätzliche Typen, unterschiedlich im Haarkleid, in der Größe, in der Kraft, aber auch vom Charakter her.

Schon früh kristallisierten sich unterschiedliche Urtypen heraus, kleine gedrungene Pferdchen und größere, schlankere und schnellere Typen. Sicherlich spielte bei der Entwicklung das Nahrungsangebot in dem jeweiligen Gebiet sowie die Witterung die größte Rolle.

Wird eine Gruppe von Tieren vom Rest des gesamten Bestandes aus irgendwelchen Gründen abgetrennt – möglicherweise durch extreme Witterungseinflüsse – entwickelt sich diese Herde selbständig weiter.

Es entsteht ein eigener Typ, vor

2. Die Natur der Pferde

allem wenn sich in der Gruppe bereits Pferde befinden, die äußerlich oder charakterlich ähnliche Merkmale aufweisen.
Durch Zusammenführung zweier gleicher Merkmale können sich diese im Erbmaterial fest verankern und so einen bestimmten Typ formen.

Sehr wahrscheinlich spielten die Witterung und das Nahrungsangebot bei der Entwicklung der verschiedenen Pferdetypen eine große Rolle.

Etwas rapider gestaltete sich die Entwicklung der verschiedenen Rassen, als das Pferd domestiziert wurde und sein Schicksal nun in den Händen des Menschen lag. Durch bewußte Selektion eines bevorzugten Typs konnten die über die Zucht auserwählten Charakteristika gefestigt werden.
Wenn nun ein Pferdebesitzer gerade eine Vorliebe für schwarze Pferde hatte, wählte er nur schwarze Tiere zur Anpaarung aus. Wollte man besonders schnelle Pferde haben, wurden die langbeinigen, schlanken Vertreter der Wildequiden ausgewählt.
Auf diese Weise haben sich schließlich die verschiedensten Rassen entwickelt – vom Araber über das Shetlandpony bis hin zum Percheron. Mittlerweile ist man bemüht, all diese Rassen rein zu erhalten.
Deshalb werden Zuchtbücher geführt und die Abstammung festgehalten. Nur die besten Pferde einer Rasse, die dem (vom Menschen) festgelegten Zuchtziel entsprechen, werden in der Zucht weiter eingesetzt.
Auch wenn der Mensch in die Entwicklung des Pferdes durch die Auswahl der Zuchttiere eingreift, bleibt in den Equiden der ursprüngliche Typ meist vorhanden.
Der Araber entstammt einem schlanken Urtyp, während das Islandpferd sich aus dem sogenannten Keltenpony entwickelt hat.
Es wäre aber falsch, nur von zwei Urtypen auszugehen, denn es gab früher wie heute schon viele verschiedene, lokale Schläge. Man kann in jedem Fall annehmen, daß sich ein Stamm immer nach den Witterungsverhältnissen und dem vorhandenen Nahrungsangebot entwickelt hat.
Durch die Zucht des Menschen, bei der es heutzutage kein Problem mehr ist, die Tiere hierfür um die ganze Welt zu transportieren, wird dieser Aspekt jedoch immer stärker aus den Augen verloren.
Der Mensch nimmt sich heraus, die Tiere zu wählen, die ihm gefallen und holt sie sich in seinen Lebensraum, ohne darüber nachzudenken, ob die Pferde mit diesen dort vorherrschenden Witterungsbedingungen zurechtkommen.
So müssen manche Araber notgedrungen in warmen Ställen gehalten werden, weil sie die nasse Witterung in Europa nicht vertragen. Den Isländern dagegen ist es im Sommer auf dem Festland häufig zu warm. Doch die Temperatur ist nur ein Faktor. Insekten, Bodenverhältnisse und ein anderes Nahrungsangebot können den Pferden Probleme bereiten.
Erwiesen ist beispielsweise, daß 30 % der nach Deutschland importierten Islandpferde am Sommerekzem erkranken.
Die in Deutschland geborenen Tiere jedoch leiden nur zu 5 % an dem juckenden Hautausschlag.

Die Natur formt die Individuen stets nach den gegebenen Umweltbedingungen.

Die Entwicklung des Pferdes zeigt, daß die Natur die Individuen stets nach den gegebenen Umweltbedingungen formt.
Tiere, die sich nicht anpassen können, sterben aus. Lebewesen, die den Bedingungen am besten angepaßt sind, können überleben und sich weiterentwickeln.

2. DIE NATUR DER PFERDE

Natürliche Lebensweise

Um den Pferden ein möglichst artgerechtes Zuhause bieten zu können, muß man wissen, welche natürlichen Bedürfnisse die Tiere haben, denn diese müssen hierfür erfüllt werden. Obwohl sich das heutige Hauspferd mit all seinen Rassen mehr oder weniger vom ursprünglichen Equus entfernt hat, bleiben die wesentlichen, arttypischen Strukturen erhalten.

Um es kraß darzustellen: Noch nie war das Pferd oder eines seiner Vorfahren ein Fleischfresser oder ein Raubtier, sondern immer ein Pflanzenfresser und ein Fluchttier. Es lebte niemals in Höhlen oder Erdlöchern, sondern stets auf freier Ebene.

Noch heute sind diese elementaren Bedürfnisse fest verankert und können selbst nach der Domestizierung und dem züchterischen Eingriff des Menschen nicht ignoriert werden, will man seinem Pferd ein zufriedenes und langes Leben bieten.

DER LEBENSRAUM

Der ursprüngliche Lebensraum des Equus waren die Ebenen und Steppen Europas und Asiens. Je nach Nahrungsangebot durchstreiften die Pferde ein mehr oder weniger großes Gebiet.

Das Territorium einer Herde umfaßte ein so großes Areal, daß abgegraste Weideflächen die Möglichkeit hatten, sich wieder zu erholen.

Die Größe des Gebiets richtete sich deshalb auch nach der Anzahl der Tiere, die zusammenlebten.

Normalerweise gibt es kein streng abgegrenztes Territorium, welches Pferde nicht verlassen oder verteidigen würden.

Die Weidegründe zu anderen Herden überschneiden sich oftmals, dennoch verlassen die Tiere ihr Heimatgebiet normalerweise nicht, so lange es genügend zu fressen gibt.

Günstige Nahrungsvorkommen können mehrere Herden zusammenführen, die sich dann aber genauso wieder trennen, wenn sich die Futtergrundlage verschlechtert.

Dies ist meist jahreszeitlich bedingt. So unternehmen die Herden auch kleinere Wanderungen von einem Weideplatz zum anderen.

Dementsprechend ist das gesamte Territorium, in dem sich die Tiere aufhalten, relativ weitläufig. Pferde legen während eines Tages insgesamt etwa 20 km zurück.

Da sie aus diesem Grund am nächsten Tag kaum an exakt der gleichen Stelle grasen, wird einer Überweidung vorgebeugt, aber auch einer zu starken Verwurmung durch die Anstekkung mit dem eigenen Kot.

Manche Pferdetypen sind an besondere örtliche Bedingungen angepaßt, so gibt es Arten, die sich auf das Leben in sumpfigem Gebiet oder in Wäldern spezialisiert haben.

Andere Typen kommen mit kargen Bergweiden und felsigem Untergrund bestens zurecht.

Pferde, die in sumpfigen Gebieten oder in Gegenden mit weichen Böden zu Hause sind, haben deshalb auch beispielsweise weite Hufe ausgebildet, die ein Einsinken besser verhindern als kleine, schmale Hufe.

2. Die Natur der Pferde

Die Herdenstruktur

Das Leben innerhalb einer Pferdeherde ist einer genau festgelegten Rangordnung unterworfen.

Leider ist es heute kaum mehr möglich, Wildpferdeherden zu beobachten, um deren Verhalten und Lebensgewohnheiten kennenzulernen. Ehemals domestizierte, jedoch wieder verwilderte Pferde wie beispielsweise die amerikanischen Mustangs sind in Freiheit jedoch sehr schnell wieder zu einer Herdenstruktur zurückgekehrt, wie man sie auch bei den zum Glück noch recht zahlreich vorhandenen Berg- und Steppenzebras Afrikas kennt. Zebras sind sehr enge Verwandte der Pferde und gehören ebenfalls zur Familie der Equiden.

Das Herdenverhalten der tatsächlichen Wildpferde dürfte sich darum kaum von den Zebras und den verwilderten Pferden unterschieden haben. Eine Herde besteht aus einem Familienverband von etwa zwei bis fünfzehn Tieren.

Die Gruppe setzt sich dabei in der Regel aus einem Hengst, mehreren Stuten sowie Jungtieren zusammen.

Ausgewachsene Hengste werden vom Leithengst nicht geduldet, denn sie stellen für diesen einen Rivalen dar. Deshalb bilden die Junghengste mit Erreichen ihrer Geschlechtsreife eigene, sogenannte Junggesellengruppen und durchstreifen so lange zusammen die Weidegründe, bis sie stark und alt genug sind, um eigene Stuten um sich zu scharen. Meist sind es dann auch junge Stuten, derer die Junghengste habhaft werden können, da auch diese sich von ihrem Familienverband häufig lösen, sobald sie geschlechtsreif geworden sind. Es kommt aber auch vor, daß ein heißblütiger Junghengst versucht, von einer anderen Herde Stuten wegzutreiben. Wenn der Leithengst nicht aufpaßt und den Eindringling nicht verjagt, kann sich seine vielleicht stattliche Stutenherde schnell zu einem unbedeutenden kleinen Grüppchen verwandeln.

Normalerweise passiert dies aber nur, wenn der Leithengst alt und schwach oder krank geworden ist.

Auf Wanderungen treibt der Leithengst seine Herde von hinten, manchmal flankiert er sie auch an der Seite, während eine ältere Stute die Leitfunktion an der Spitze übernimmt.

Während der Paarungszeit im Frühjahr und in den Sommermonaten umkreist der Leithengst seine Stuten, um sie zusammenzuhalten und gegen Rivalen zu verteidigen.

Das gemeinsame Leben innerhalb einer Gruppe ist einer genau festgelegten Rangordnung unterworfen, um verletzungsträchtige Kämpfe zu vermeiden. Die Leitstute ist das ranghöchste Tier der Herde.

Meist erringen die älteren, erfahreneren Pferde auch einen höheren Rang innerhalb dieser Hackordnung. Der Rang von Fohlen und halbwüchsigen Tieren ist dagegen weit unten angesiedelt. Hie und da können Streitigkeiten um die Rangordnung aufflammen, vor allem, wenn zwei Pferde so ziemlich gleichrangig sind.

Scharfe Drohgebärden mit stark zurückgelegten Ohren, wildem Aufstampfen der Vorderhufe, aggressivem Quietschen sowie ein paar Bisse in den Hals und die Schulter des Kontrahenten genügen meist, um die Rangordnung wieder herzustellen. Manchmal verprügeln sich die Pferde aber auch durch Ausschlagen mit den Hinterbeinen. Bei dieser Keilerei tragen die Tiere nur selten ernsthafte Verletzungen davon, denn meistens gibt einer sogleich auf und räumt das Feld, sobald er

2. Die Natur der Pferde

Das Herdenverhalten bedeutet für das einzelne Pferd einen guten Schutz vor Feinden.

2. Die Natur der Pferde

erkennt, daß er unterlegen ist. Dabei zählt nicht nur die körperliche Stärke, sondern in gewissem Maße auch ein fester Charakter, der für die Rangfolge innerhalb einer Gruppe verantwortlich ist. Das rangniedrigere Tier hat vor den selbstbewußteren Artgenossen einen entsprechenden Respekt. Deshalb genügt oft auch schon ein Blick, ein leichtes Ohrenanlegen oder ein deutlicher Schritt auf den labilen Artgenossen zu, um ihn in die Schranken zu weisen. Den rangniedrigen Pferden macht ihre Position aber keineswegs etwas aus, denn sie fühlen sich von starken Artgenossen umgeben dafür um so sicherer.

ÜBERLEBENS-STRATEGIEN

Die Herde bedeutet für alle Gruppenmitglieder einen guten Schutz vor Feinden. Je mehr Tiere beisammen sind, desto geringer ist das Risiko für den einzelnen, gefressen zu werden.
Deshalb fühlt sich das Pferd innerhalb einer Herde sicher und wohl. Dabei ist es völlig irrelevant, ob es in der Rangfolge weiter oben oder unten steht.
Es ist darum nur logisch, daß Pferde an ihren Artgenossen hängen und sich nicht gerne von ihnen trennen. Jedes »klebende« Pferd reagiert lediglich nach seinen arttypischen Eigenschaften, ohne dabei einen bösen Hintergedanken zu haben.
Da die Herde Sicherheit bedeutet, verläßt es sie nicht gerne. Der Reiter muß also bestrebt sein, das Vertrauen des Pferdes zu gewinnen, damit er die beispielsweise bei einem Ausritt fehlende Schutzfunktion der Herde übernehmen kann.
Schon ein zweites Pferd bedeutet eine gewisse Sicherheit, deshalb beruhigen sich ängstliche und nervöse Tiere schnell, wenn ein Artgenosse in der Nähe ist.
Das Herdengebilde bietet den Tieren nicht nur deshalb Schutz, weil das Risiko, einem Raubtier zum Opfer zu fallen, geringer ist, je mehr Tiere beisammen sind, sondern auch deshalb, weil Pferde nach dem Motto »Viele Augen sehen mehr als zwei« leben. Sobald auch nur ein einziges Tier eine Gefahr wittert (oder auch nur glaubt, sie zu wittern), signalisiert es dies seinen Artgenossen sofort, und auch diese sind nun alarmiert.
Nervöses Schnauben, hohes Aufrichten des Kopfes und die Ausrichtung der Augen und Ohren in die Richtung, in der der Feind vermutet wird, findet bald Nachahmer bei den Artgenossen. Oftmals aber setzt ein Pferd, das eine Gefahr erkennt, zur sofortigen Flucht an. Sobald es auch nur einen Schatten im Gebüsch sieht, erschrickt es im ersten Moment und flieht unmittelbar darauf in panischer Angst. Dieser Reflex löst beim Rest der Gruppe sofort dasselbe Verhalten aus – wobei die anderen Herdenmitglieder überhaupt nicht wissen, wovor sie fliehen. Doch dieser Nachahmungstrieb kann lebensnotwendig sein, wenn sich tatsächlich ein Raubtier im Gebüsch versteckt hält.
Als Beuteaspiranten von Raubtieren müssen Pferde ständig auf der Hut sein, um drohende Gefahren rechtzeitig zu erkennen. Der Schutz der Herde bedeutet also auch, daß sich ein Teil der Gruppe ausruhen kann, während andere Artgenossen wachsam sind.

Das Flucht- und Herdenverhalten sind lebensnotwendige Eigenschaften der Pferde.

Das Herden- und Fluchtverhalten sind zwei überlebensnotwendige Eigenschaften der Pferde, die sie auch durch die Zuchteingriffe der Menschen nicht verloren haben.
Wenn der Reiter nicht in der Lage ist, auf dieses Verhalten einzugehen und es durch Ausbildung und Geschick zu kompensieren, können sich diese Eigenschaften als Partner des

2. Die Natur der Pferde

Menschen in negativer Form auswirken.

Unter dem Reiter entwickeln sie sich schließlich zu sogenannten Untugenden wie Kleben oder Durchgehen. Doch auch im Umgang kommt es zu Verhaltensstörungen, wenn die Tiere einer vermeintlichen Gefahr nicht mehr durch Flucht entgehen können oder von Artgenossen getrennt gehalten werden. Folgen davon können Weben, Koppen, Beißen oder Ausschlagen sein.

Dieses natürliche Verhalten kann zwar eingedämmt, aber niemals vollständig ausgelöscht werden, weil es für das Überleben und damit die Erhaltung der Art (aus der Sicht der Natur) notwendig ist.

DIE NAHRUNGSAUFNAHME

Schon während der gesamten Entwicklungsgeschichte war das Pferd, beziehungsweise dessen Vorfahren, bereits immer ein Pflanzenfresser. Die noch primitiveren Urahnen ernährten sich überwiegend von Laub, bis sich die Vorläufer des heutigen Hauspferdes schließlich hauptsächlich auf das Fressen von Gras umgestellt hatten. Aufgrund der großen Körpermasse muß das Pferd jedoch umfangreiche Mengen an Rohfaserstoffen aufnehmen, um seinen Energiebedarf zu decken.

Dieser Umstand hat es zu einem Dauerfresser gemacht. Ca. 12 Stunden verbringen Pferde, die unter natürlichen Bedingungen leben, mit Fressen. Tagsüber werden meist während der Mittagsstunden Freßpausen eingelegt, in denen die Tiere dösen oder sich mit der Fellpflege beschäftigen.

Die »Hauptmahlzeiten«, bei denen im zusammenhängenden Zeitraum am längsten gegrast wird, liegen in den frühen Morgenstunden bei Sonnenaufgang bis zum späten Vormittag sowie am Abend bis etwa um Mitternacht.

Die Fütterungszeiten moderner Hauspferde sind in der Regel auf zweimal täglich beschränkt. Morgendliches und abendliches Füttern kommt zwar dem natürlichen Verhalten sehr nahe, doch fehlt den Tieren oftmals tagsüber die Möglichkeit, Nahrung aufzunehmen.

Leider werden Pferde in zunehmendem Maße mit Körnerfutter und Fertigfuttermischungen versorgt, die in konzentrierter Form den Bedarf aller lebensnotwendigen Stoffe sehr schnell decken. Die Zeit der Futteraufnahme reduziert sich darum extrem, wenn man das Pferd nicht überfüttern will und die Rauhfuttermenge entsprechend herabsetzt.

Für den Menschen ist diese Fütterungsform bequemer, denn er benötigt keine so großen Lagerräume für das Rauhfutter.

Aber auch die leistungsgerechte Fütterung von Hochleistungssportpferden ist hiermit gewährleistet.

Der natürliche Futterplan sieht jedoch derartige Kraftfuttermengen nicht vor, in freier Wildbahn bekommen die Tiere nur wenige Körner zu fressen. Die durch menschlichen Einfluß herabgesetzten Freßzeiten führen bei den Pferden zu Verhaltensstörungen, hauptsächlich infolge von Langeweile, aber auch aufgrund des Bedürfnisses, etwas kauen zu wollen.

Dies kann schließlich das seelische Gleichgewicht aus den Angeln heben und Ersatzhandlungen wie Holznagen (noch eine der schwächsten Form der sogenannten Untugenden) oder Koppen und Weben zur Folge haben.

Das Nahrungsangebot ist in der Natur nicht immer gleich, sondern in erster Linie von der jahreszeitlichen Witterung abhängig. Während der üppigen Sommermonate müssen sich die Tiere eine Fettschicht anfressen,

2. Die Natur der Pferde

Pferde verbringen unter natürlichen Bedingungen an die zwölf Stunden mit Fressen.

von der sie in der kargen Winterzeit zehren. Vor allem nordländische Ponyrassen neigen deshalb eher zur Verfettung als südländische Pferde, weil sie von Natur aus an längere Freßzeiten »gebunden« sind, um die notwendige Energiemenge aufzunehmen, von der sie dann die Fettschicht bilden.

Sie richten ihre Freßgewohnheiten nicht nach der zur Verfügung stehenden Menge von Futter, sondern nach der Freßdauer. Deshalb ist es wichtig, den Pferden genügend rohfaserreiche Kost zu verabreichen, an der sie lange herumkauen können, ohne dabei übermäßig Fett anzusetzen.

Typisch für das Freßverhalten der Equiden ist es außerdem, daß sich die Tiere langsam, aber stetig vorwärtsbewegen, während sie grasen. Auch wenn an Ort und Stelle genügend Futter vorhanden wäre, was eine Fortbewegung nicht erforderlich machen würde, setzen die Pferde dennoch immerwährend einen

2. Die Natur der Pferde

Fuß vor den anderen. Damit kommen sie ihrem Bewegungsdrang während des Fressens nach und schützen ihre Weideplätze durch diese kleinen Wanderungen vor Überweidung. Ideal wäre es deshalb auch, Pferde auf Weiden zu halten, auf denen sie sich natürlich ernähren können, oder zumindest die Rauhfuttermenge (Heu, Stroh) nicht in großen Haufen vorzulegen. Besser ist eine »Futterspur« über mehrere Meter, an der die Tiere entlangfressen können.

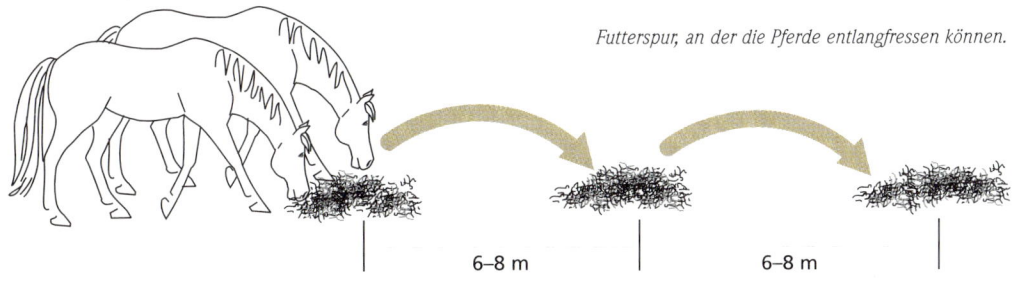

Futterspur, an der die Pferde entlangfressen können.

Verhaltensmuster und Verständigung

Wer Pferde halten will, darf sich nicht nur darauf beschränken, reiterliche Fähigkeiten zu erwerben, die zur Ausübung des Reitsports notwendig sind, sondern muß auch die Verhaltensweisen und die Sprache seines vierbeinigen Freundes kennen. Dies ist wichtig, um dem Pferd sein Leben in der Obhut des Menschen trotz auf einer oftmals nutzenorientiert tendierenden Einstellung so artgerecht wie möglich zu gestalten.

Über das Verhalten sowie die Sprache, die den Pferden eigen ist, lassen sich Wohlbefinden oder Unbehagen ablesen, aber auch gewisse Mangelerscheinungen, die fast immer mit der praktizierten Haltungsform zusammenhängen. Erkannte und verstandene Probleme können dabei häufig ohne großen Aufwand beseitigt werden und den Pferden ein zufriedeneres und artgerechteres Leben ermöglichen. Die beste Möglichkeit, Pferde in ihrem Wesen verstehen zu lernen, ist immer die störungsfreie Beobachtung einer (möglichst auf natürliche Weise gehaltenen) Gruppe. Es ist ein Genuß, vornehmlich in den warmen Sommermonaten einige Zeit am Rande einer großen Weide zu verbringen und den Tieren beim Grasen, Dösen, Spielen oder bei der Fellpflege zuzusehen.

Im Laufe der Zeit lernt man die Mimiken und Verhaltensweisen der Pferde genau kennen und kann schon voraussagen, ob der kleine Schwarzbraune der grauen Stute weichen wird, wenn sie sich ihm nähert. Man wird die Rangordnungsstruktur kennenlernen, aber auch die unterschiedlichen Charaktere der Tiere. Schließlich wird man die Launen eines jeden einzelnen Pferdes einschätzen und auf diese Weise besser mit ih-

2. Die Natur der Pferde

nen umgehen können, aber auch ihre natürlichen Bedürfnisse kennen und achten lernen.

Beobachtet man eine Herde in natürlicher Umgebung, lernt man die elementaren Bedürfnisse der Tiere kennen.

Der Umgang mit Artgenossen beeinflußt das Verhalten eines Pferdes enorm. Alle Equiden sind Herdentiere und benötigen die Gefährten nicht nur zum Schutz vor Feinden, sondern auch für ihr seelisches Gleichgewicht. Kein Pferd ist gerne allein, und es wird stumpfsinnig, wenn es keinen Artgenossen als »Ansprechpartner« hat. Auch der direkte Körperkontakt ist dabei sehr wichtig.

So dient das gegenseitige Kraulen nicht nur der Fellpflege, sondern auch des sozialen Kontakts.

FORMEN DER FELLPFLEGE

Bei längerem Beobachten einer Gruppe von Pferden wird man feststellen, daß sich überwiegend immer dieselben Tiere gegenseitig kraulen. Diese Tiere grasen auch meist nebeneinander und dösen gemeinsam. Wie unter den Menschen gibt es auch bei Pferden regelrechte Freundschaften, aber genausogut Antipathien.

Man hat beobachtet, daß sich in der Regel immer Pferde zusammenschließen, die sich ähneln, beispielsweise Tiere gleicher Rasse, ähnlichen Charakters, einer Farbe oder denselben Alters. In der Not aber nehmen Huftiere auch mit andersartigen Tieren vorlieb, wenn es ihnen an Artgenossen fehlt.

So sind Tierfreundschaften zwischen Pferd und Ziege oder Pferd und Katze bekannt geworden. Einsamen Pferden ein Schaf oder eine Ziege beizustellen, wird immer wieder empfohlen, doch kann dies nur ein schlechter Ersatz für einen Artgenossen sein. Daß Pferde auch andersartige Tiere akzeptieren und mit ihnen Freundschaft schließen, ist lediglich ein Zeichen dafür, wie dringend notwendig sie einen Partner brauchen.

Gegenseitiges Kraulen dient dazu, den sozialen Kontakt zu vertiefen und die Zuneigung zu untermauern. Es hat aber auch einen praktischen Effekt, da sich die Tiere an Stellen kraulen, an die sie mit den eigenen Zähnen nicht herankommen. Die Pferde stehen mit Kopf und Hals nebeneinander, blicken jedoch in die entgegengesetzte Richtung. Beginnt ein Pferd, das andere mit den Zähnen am Mähnenkamm zu beknabbern, animiert es damit automatisch seinen Artgenossen, dies ebenfalls zu tun.

Ihr Wohlbefinden drücken die Tiere aus, indem sie die Oberlippe vorstülpen und den Hals strecken. Bald kratzen sie sich gegenseitig am Mähnenkamm und am Widerrist.

Später wird auch der Rücken bis hin zum Schweifansatz mit einbezogen. Die Prozedur dauert manchmal nur wenige Minuten, sie kann sich aber auch bis zu einer halben Stunde ausdehnen.

Ähnlich wie beim Schubbern an einem Baum werden beim gegenseitigen Kraulen mit den Zähnen lose Haare und Hautteilchen entfernt.

Das Schubbern und Scheuern genießen die Pferde genauso wie gegenseitiges Kraulen.

Doch hierfür sind keine anderen Artgenossen notwendig, weshalb Huftiere, die nur eine Ziege zur Gesellschaft haben, verstärkt auf das Schubbern ausweichen müssen. Bäume werden hierfür sehr gerne gewählt, aber mit Vorliebe auch Holzumzäunungen oder Gebäudeecken – je nachdem, was den Pferden zur Verfügung steht. Ein Boxenpferd hat weder zum gegenseitigen Kraulen noch zum Schubbern Gelegenheit, das Putzen

2. Die Natur der Pferde

Gegenseitiges Kraulen vertieft den sozialen Kontakt und dient der Fellpflege.

mit dem Striegel kann dabei leider nur eine unzureichende Ersatzbefriedigung sein.
Eine besonders wichtige Rolle in der Fellpflege nimmt das Wälzen ein – vielen schicklichen Pferdebesitzern zum Ärger, zumal sich die vierbeinigen Lieblinge mit Vorliebe nach dem Striegeln oder Waschen ausgiebig im Staub und Dreck wälzen. Durch das Striegeln und Waschen löst sich zumindest teilweise die schützende Fettschicht von der Haut des Pferdes, die – mit feinen Staubteilen durchsetzt – beim Wälzen wieder erneuert wird.
Die Haut sondert das fettige Sekret ab, das sich beim Wälzen mit dem Staub vermengt und die Schutzschicht gegen Nässe und Kälte bildet.
Möglicherweise kommen sich die Pferde nach ausgiebigem Putzen oder Waschen regelrecht »nackt« vor, sodaß sie das Bedürfnis haben, sich wieder mit einem Mantel aus Staub einzudecken.
Im Frühjahr und Herbst kann man – vor allem bei artgerecht gehaltenen Pferden – häufiger beobachten, daß sich die Tiere wälzen. Dabei schubbern sie sich während des Fellwechsels die losen Haare aus dem Fell. Besonders im Frühjahr, wenn das lange Winterkleid dem kur-

Pferde lieben den Auslauf bei Schneefall im Winter.

STIMMÄUSSERUNGEN

Pferde sind relative stumme Kreaturen, denn sie benutzen ihre Stimme nur selten, um sich mitzuteilen. Dennoch verfügen sie über unterschiedliche Variationsbreiten ihrer Stimmäußerungen. Die akustischen Laute stehen immer auch mit der Körpersprache und anderen Signalen in Verbindung.

Ein Pferd wiehert für gewöhnlich immer dann, wenn es sich mit seiner eigentlichen Sprache (der Körpersprache) nicht mitteilen kann.

Dies ist der Fall, wenn es keine Artgenossen sieht und von ihnen darum auch nicht gesehen werden kann. Wiehern kommt dann in Betracht, wenn das Pferd alleine oder eingesperrt, und der Kontakt zu seinen Artgenossen nur unzureichend ist.

So können Pferde in lautes, freudiges Wiehern ausbrechen, wenn sie ihre Stallgefährten vom Ausritt zurückkommen hören. Der Futtermeister wird – in froher Erwartung eines schmackhaften Abendessens – ebenfalls mit lautem Wiehern begrüßt. Dagegen lassen die Vierbeiner bei der Begrüßung ein leises Brummeln verlauten, wenn sie

zen Sommerfell weichen muß, kann man im frischen Gras einen regelrechten Haarteppich sehen, nachdem sich das Pferd gewälzt hat. Ganz besonders auffällig ist dies bei Schimmeln zu beobachten, weil die hellen Haare auf der dunklen Erde oder im Gras besser zu sehen sind.

Nach dem Wälzen schütteln sich die Pferde und hüllen sich dabei in eine Wolke von Staub und lose herumfliegenden Haaren. Damit ist das Fell wieder geordnet, die Haare liegen wieder »im Strich«.

Weiche Unterlagen aus Sand, Sägemehl oder Staub animieren die Tiere geradezu, sich zu wälzen. Vorwiegend haben sie dieses Bedürfnis auch nach der Arbeit, wenn das Fell aufgrund ausgetretenen Schweißes zu jucken beginnt. Man sollte es jedem Pferd gestatten, sich nach dem Reiten ausgiebig zu wälzen. Genügend Platz – auf der Weide oder im Auslauf (man kann auch die Reithalle benutzen) – sollte vorhanden sein, denn Pferde, die sich in ihrer Box wälzen, sind der Gefahr des Festliegens ausgesetzt.

2. Die Natur der Pferde

Die Beobachtungsgabe

Kontakt zueinander haben. Dabei schnauben sie sich gegenseitig in die Nüstern und stellen die Ohren interessiert nach vorne. Die Mutterstute ruft mit leisem Brummeln auch ihr Fohlen zu sich.

Der Stimmäußerung bedient sich auch der Hengst, wenn er Stuten erblickt. Dabei posaunt er die Laute regelrecht heraus, wirft den Kopf hoch und öffnet das Maul.

Beim Kampf mit Rivalen lassen Hengste herrische Töne verlauten, Stuten dagegen quietschen bei Streitereien.

Unter den Pferden gibt es besonders redselige Typen, die alles, was um sie herum geschieht und was sie aufregend finden, mit ihrem Gewieher kommentieren müssen. Andere dagegen wiehern insgesamt nur sehr selten. Fest steht aber, daß ein Pferd um so stärker auf eine Lautäußerung reagiert, je übereinstimmender diese mit seiner eigenen ist.

Hat ein Pferd eine relativ hohe Stimmlage, zeigt es eine stärkere Reaktion, wenn es ein helles Wiehern vernimmt.

Pferde reagieren aber auch auf die Laute anderer Arten, wenn diese sich dem eigenen Wiehern ähneln wie beispielsweise die Lautäußerungen von Eseln und Zebras. Das Muhen der Kühe dagegen wird ignoriert.

Sehr viel bedeutender als die Stimme ist bei den Equiden jedoch die Körpersprache. Sie ist das wichtigste Kommunikationsmittel der Pferde. Um eine Körpersprache zu verstehen, ist eine gute Beobachtungsgabe Voraussetzung. Pferde besitzen sie, was sie oftmals auf verblüffende Art beweisen.

So kennt man Geschichten, nach denen Turnierpferde am Tag der Prüfung plötzlich lahm gingen.

Woher konnten die Tiere wissen, daß ein Turnier anstand? Ganz einfach: Sie wurden einen Tag zuvor immer auf dieselbe Weise auf das Turnier vorbereitet.

Pferde besitzen eine sehr gute Beobachtungsgabe.

27

2. Die Natur der Pferde

Die Mähne wurde eingeflochten und das Sattelzeug geputzt. All diese Vorbereitungen verraten den Tieren, daß ein Turniertag ansteht.

Sie hatten aber auch gelernt, daß sie in Ruhe gelassen werden, wenn sie lahmten. Genausogut können Pferde erkennen, ob ihre Besitzer sie zum Reiten von der Weide holen oder ob sie ihnen lediglich Leckerlis vorbeibringen. Sie können sehr gut das Halfter vom Reitzaum unterscheiden, aber auch Kleinigkeiten an der Kleidung verraten ihnen die Absicht des Menschen: Heute keine Reitstiefel, sondern nur Turnschuhe? Dann bleibt es wohl beim Striegeln!

Diese Beobachtungsgabe ist auch der Grund dafür, daß sich Pferde häufig nicht einfangen lassen, wenn man sie mit dem Reithalfter überm Arm von der Weide holen möchte. Bei den schlauen Vierbeinern nützt es dabei auch wenig, das Halfter hinterm Rücken zu verstecken.

Die phänomenalen Rechenkünste des »Klugen Hans« beispielsweise gingen ebenso auf das Konto einer erstklassigen Beobachtungsgabe, die den Pferden zueigen ist. Der Kluge Hans war ein Hengst, der unter anderem gelernt hatte, so oft mit den Hufen zu scharren wie Kegel auf dem Tisch standen. Später konnte er sogar leichte Rechenaufgaben lösen oder Zahlen von einer Tafel ablesen. Die vermeintliche Klugheit des Pferdes lockte viele Experten an, die dem Rätsel zunächst auch nicht auf die Spur kamen.

Seinen Besitzer verblüffte der Kluge Hans mit seinen Rechenkünsten ebenso wie die vielen Augenzeugen. Einige Anhaltspunkte zur Lösung des Phänomens gab es: Wenn der Fragesteller oder die Zuschauer das Ergebnis einer Rechenaufgabe nicht wußten, kannte sie auch der Kluge Hans nicht. Doch auch Tricks waren nicht im Spiel, denn der Hengst rechnete ebenso richtig, wenn sein Besitzer nicht anwesend war und ihm jemand anderer eine Aufgabe stellte.

Pferde haben eine erstaunliche Beobachtungsgabe, die ihnen bei der Verständigung durch die Körpersprache von großem Vorteil ist.

Hinter das Geheimnis kam schließlich ein junger Mitarbeiter des Psychologischen Instituts in Berlin. Er stellte fest, daß der Hengst lediglich auf minimalste Zeichen des Fragestellers reagierte, die keinem Menschen aufgefallen waren. Es sind kleinste Bewegungen des Menschen, also eine Körpersprache, die man allerdings völlig unbewußt anwendet. Wurde dem Pferd eine Rechenaufgabe gestellt, senkte dessen Besitzer den Kopf leicht, um auf die Klopfzeichen mit dem Huf zu achten. Sobald die korrekte Zahl erreicht war, genügte ein leichtes, kaum merkliches Anheben des Kopfes, um dem Pferd das Ende der Klopfserie – allerdings unbewußt – zu signalisieren. Dieses Paradebeispiel zeigt auf beeindruckende Weise, wie ausgeprägt die Beobachtungsgabe von Pferden sein kann. Es ist aber auch ein Beweis dafür, daß selbst der Mensch – trotz seiner perfekten sprachlichen Kommunikation – sich einer feinen Körpersprache bedient, obwohl er sie meist nur unbewußt und untergeordnet anwendet. Beim Pferd ist die Körpersprache so stark ausgeprägt wie beim Menschen der Gebrauch von Wörtern. Die Voraussetzung, die Körpersprache zu verstehen, ist eine gute Beobachtungsgabe, so wie das Hören die Voraussetzung für das Wahrnehmen einer Stimme ist.

DIE KÖRPERSPRACHE

Eine besondere Konstellation einer Pferdegruppe stellt bereits eine Form von Kommunikation

2. Die Natur der Pferde

Nur in Gruppenauslaufhaltung kann sich die Pferdesprache voll entfalten. Schon im Fohlenalter lernen die Tiere, ihrer Art entsprechend miteinander umzugehen.

dar. Die Verständigung untereinander ist durch das Verhalten der Huftiere geprägt, aber auch durch deren Mimiken und Gesten. Da bereits die Position eines Tieres in Relation zu einem anderen eine Botschaft beinhalten kann, ist eine Gruppenauslaufhaltung notwendig, damit sich die Sprache der Pferde voll entfalten kann.

Boxenpferde haben keine Möglichkeit, sich einem Artgenossen zu nähern oder sich von ihm zu entfernen, es bleibt ihnen deshalb nur die Möglichkeit, sich mit Gesten und Mimiken mitzuteilen – vorausgesetzt, sie können mit den Stallgefährten wenigstens über die Boxenwand hinweg Kontakt aufnehmen.

Um ein rangniedrigeres Herdenmitglied zu verscheuchen, genügt es, wenn das ranghöhere Tier seitlich auf es zugeht. Unter normalen Umständen macht der Unterlegene freiwillig Platz, ohne daß irgendwelche Drohungen notwendig wären.

Stehen zwei Pferde nebeneinander in Boxen (oder noch schlimmer: in Ständern), ist es weder möglich, daß ein Tier auf das andere zugeht, noch daß der Rangniedrigere ausweichen kann. Es bleibt also nur eine aggressive Drohgebärde wie beispielsweise das Zurücklegen der Ohren und Zuschnappen mit den Zähnen, um dem Boxennachbarn klarzumachen, daß er nicht geduldet wird. Der arme Stallgefährte kann dieser massiven Drohung aber leider nicht genügend nachkommen, weil auch er aus seiner Box nicht heraus kann.

Die Folgen sind verstärkte Aggressionen ranghöherer Pferde und verängstigte Reaktionen rangniedriger Tiere. Jegliche Art der Kommunikation, die auf die relative Position zueinander ausgelegt ist, kann in Boxenhaltung nicht praktiziert werden. Als Vergleich wäre es ein ähnlicher Zustand, wenn ein Mensch in einer Fremdsprache reden müßte, die er nur unzureichend beherrscht.

Damit die Pferde ihre Sprache in ihrer ganzen Palette ausleben können, ist eine artgerechte Haltung Voraussetzung.

Bewegt sich ein Pferd von seitlich hinten auf einen Artgenossen zu, löst dies immer einen treibenden Effekt aus. Ein rangniedriges Tier wird daraufhin sofort vorwärtsgehen und Platz machen. Nähert sich jedoch ein rangniedriges Pferd von hinten, genügt ein einziger Blick oder das Zuwenden des Hinterteils des Überlegenen, um seinen Weidegefährten sofort zum Abstoppen zu zwingen. Es ist also nicht unbedeutend, welchen Rang die einzelnen Tiere innerhalb einer Herde einnehmen, will man die Körpersprache der Pferde richtig deuten.

Es spielt aber ebenso eine große Rolle, ob der Mensch seine Vormachtstellung gegenüber dem Pferd behaupten kann, um sich erfolgreich mit der Körpersprache verständigen zu können. Dies ist nicht nur im täglichen Umgang notwendig, sondern

Auf eine massive Drohgebärde kann der rangniedrigere Boxennachbar nur unzureichend zurückweichen.

auch bei der Bodenarbeit wie beispielsweise beim Longieren. Akzeptiert das Pferd seinen Ausbilder als Ranghöheren, wird es bei der Longenarbeit an Tempo zulegen, wenn der Mensch einen Schritt auf seine Kruppe zumacht. Ebenso wird es verlangsamen oder abstoppen, wenn man einen Schritt auf die Schulter des Pferdes zugeht. Eine Stellung direkt vor dem Kopf des Pferdes wird es dazu veranlassen rückwärtszutreten. Da diese Positionen und Bewegungen Teile der Körpersprache von Pferden sind, kann man sie bei der Ausbildung mit Erfolg anwenden, weil das Pferd diese Signale versteht.

Die Körperhaltung eines Pferdes ist ein weiteres Kapitel der Pferdesprache. Ein gesenkter Kopf mit lang vorgestrecktem Hals zeigt eine Entspannungshaltung an. Dabei hängen die Ohren meist locker zur Seite herab, in Dösstellung sind außerdem die Augen halb geschlossen.

In Ruheposition stellt das Pferd zudem ein Hinterbein auf die Zehenspitze, um es zu entlasten.

Ein aufmerksames Pferd hält seinen Kopf – im Gegensatz zum ruhenden, entspannten Artgenossen – hoch erhoben, seine Augen sind weit offen und die Ohren gespitzt.

Verwandelt sich das Interesse in Nervosität, wird der Kopf noch höher getragen, der Schweif wird aufgeworfen, und es kommt eventuell ein aufgeregtes Schnauben hinzu.

Selbst die Gangart spricht Bände, denkt man nur an den imponierenden Trab der Hengste. Sogar Fohlen beherrschen den Stechtrab in Perfektion. Oft kommt der Stechtrab auch zur Ausführung, wenn das Pferd nervös ist. Auch hier wird der Schweif und der Kopf hoch getragen.

Diese und noch viele andere Verhaltensweisen können Pferde jedoch nur an den Tag legen und auf diese Weise miteinander kommunizieren, wenn eine möglichst artgerechte Haltung gewährleistet ist.

BEDEUTUNG DER MIMIKEN

Während sich die Pferde mit oben beschriebenen Verhaltensformen auch über weitere Distanzen mitteilen können (solange sie sich noch in Sichtweite befinden), stellen die Mimiken und Gesten eine weitere Verständigungsmöglichkeit bei direktem Kontakt dar.

Am auffallendsten ist das Ohrenspiel der Pferde, doch auch Nüstern, Maul und Augen signalisieren Stimmungen und Launen. Man sagt, die Ohren seien das Stimmungsbarometer des Pferdes. Darin liegt viel Wahrheit, denn deren Stellung ist weithin sichtbar und deshalb ein äußerst praktisches Kommunikationsmittel. Das Pferd kann die Ohren einzeln und unabhängig voneinander um 180° drehen. Es hat demnach mehrere Variationsmöglichkeiten, sich über die Stellung der Ohren mitzuteilen.

Die Stellung der Ohren verrät in erster Linie, welchem Objekt das Pferd seine Aufmerksamkeit widmet. Es richtet die Ohrmuscheln in diese Richtung.

Bei gespannter Aufmerksamkeit dreht es den Kopf ebenfalls in diese Richtung und »spitzt« die Ohren. Nach seitlich gestellte Ohren können Hinweise für ein teilnahmsloses, gelangweiltes Pferd sein. Sie signalisieren den Artgenossen in etwa: »Laßt mich in Ruhe« oder »Kein Interesse«.

Legt ein Pferd seine Ohren flach nach hinten, bedeutet dies eine ernstzunehmende Drohung: »Komm mir bloß nicht zu nahe, sonst schlage ich!« kann dies in etwa heißen.

Man sieht diese Ohrenstellung normalerweise bei angreifenden Pferden, allerdings kann sie auch ein Zeichen für Ärger oder Mißmut sein.

Die Mimiken sind ein wichtiges Verständigungsmittel unter Pferden.

Mißgelaunt ist ein Pferd auch, wenn es das Maul zusammenpreßt und kleine Fältchen über den Nüstern sichtbar werden. Häufig kann man dies während des Trainings bei Pferden beobachten, die keinen Spaß an der Arbeit haben. Hier sollte man sich überlegen, welches die Gründe für den Mißmut sind.
Liegt es an der Arbeit selbst oder leidet das Pferd unter schlechten Haltungsbedingungen? Die Augen der Huftiere verraten ebenfalls einiges über ihr Allgemeinbefinden. Sind sie glanzlos und stumpf, hat man selten ein zufriedenes Pferd vor sich. Klare und glänzende Augen signalisieren dagegen eine positive Einstellung.
Ob sich ein Pferd wohl fühlt, zufrieden und gesund ist, und dies auch mit einem entsprechenden Gesichtsausdruck signalisiert, hängt immer von mehreren Faktoren ab.
Es kommt zum einen darauf an, wie schwer die Ursachen für eine Unzufriedenheit sind, zum anderen welche Konstitution ein Pferd hat. Eine haltungsbedingte Ursache ist meist sehr schwerwiegend, weil die Tiere ständig unter dem Einfluß einer nicht artgerechten Haltung leiden. Liegen die Gründe jedoch im Umgang oder beim Reiten, können sich die Pferde von ihrem Drangsal wenigstens zwischendurch wieder erholen.
Oftmals spielen aber mehrere Negativfaktoren zusammen, die ein Pferd unglücklich machen. Ein guter Pferdekenner kann Frustration oder aber auch Zufriedenheit bereits am Gesichtsausdruck des Pferdes ablesen.

2. Die Natur der Pferde

Rassespezifische und andere Unterschiede

Jedes Pferd ist ein individuelles Wesen, weder im Aussehen noch im Charakter gleichen sich zwei Pferde exakt. Selbst Tiere von gleicher Rasse und Abstammung sind nicht identisch, weil die Variationsmöglichkeiten beim Vererbungsvorgang enorm vielschichtig sind.

Dennoch sind sich Pferde von ein und derselben Rasse ähnlicher als Pferde unterschiedlicher Rassen.
Ähnlichkeit ist ein Merkmal der Rasse, deshalb gibt es bestimmte Eigenschaften, die alle Pferde einer Rasse besitzen.

Jedes Pferd ist ein individuelles Wesen, das weder im Charakter noch im Aussehen einem zweiten exakt gleicht.

Beispielsweise sind alle Shetlandponys nicht größer als höchstens 1,20 m, alle Friesen sind in der Regel schwarz und ein Isländer hat immer ein recht dichtes Fell.

Derartige Rassekennzeichen sind so fest im Erbmaterial verankert, daß sie sich vererben müssen, und somit die Nachkommen dieselben Eigenschaften aufweisen.
Es ist nicht unbedingt die Willkür der Natur, die für die Entstehung der Rassen verantwortlich ist. Wie schon kurz angerissen, hat natürlich der Mensch einen großen Anteil an der Entstehung unserer heutigen Hauspferderassen. Doch ohne die bereits vorhandenen Urpferdetypen wäre es dem Menschen nicht so leicht gelungen, derart unterschiedliche Typen herauszuzüchten. Man geht im allgemeinen von vier verschiedenen Urpferdetypen aus, beim Namen genannt sind es das derbe Tundrenpony, das Urpony, der edle Uraraber sowie das Ursteppenpferd, ein schlankes, hochbeiniges und größeres Pferd mit Ramskopf. Es traten aber auch zu Urzeiten schon sehr viele lokale Schläge auf, daß die Zuordnung bestimmter Rassen auf einzelne Urpferdetypen nicht Gegenstand der Diskussion sein muß, zumal sich die Urtypen in unseren heutigen Hauspferderassen in der Regel vermischt haben. Unbedeutend ist im Prinzip auch, wieviele Urpferdetypen es tatsächlich gegeben hat, weil sich die Natur bei der Entwicklung der verschiedenen Pferdetypen sicherlich nicht nach den unterschiedlichen Geschmäckern der Menschen gerichtet hat, sondern einzig und allein nach den Lebensbedingungen der jeweiligen Gebiete, in denen sich die Tiere aufhielten. Dabei gab es selbst in der Natur bereits Vermischungen und kleinere Abweichungen vom »Standardtyp«.
Klimatische Bedingungen sowie das Futterangebot bestimmten in erster Linie die Entwicklung der verschiedenen Pferdetypen mit ihren speziellen Besonderheiten, die auch in den heutigen Hauspferden noch fest verankert sind. Die Pferde nördlicher Gefilde mußten beispielsweise harte Winter überstehen, das Südpferd dagegen hatte mit Dürre und Futtermangel zu kämpfen.
Durch die Anpassung an die jeweiligen Lebensbedingungen entwickelten sich die Pferdetypen so unterschiedlich, daß

33

2. Die Natur der Pferde

sich deutlich sichtbare Merkmale hervortaten, die auch bei den heutigen Hauspferden noch ins Auge stechen.

Sichtbare Merkmale

Zunächst fallen dem Betrachter die äußerlichen Unterschiede der Rassen und Typen ins Auge. Dazu gehören Körperform, Größe und Haarkleid. Bringt man diese Eigenschaften mit den vorherrschenden Klimabedingungen in den jeweiligen Gebieten in Verbindung, wird klar, warum die Entwicklung diese Wege gegangen ist. Im Norden herrscht im allgemeinen nasses und kaltes Wetter. Die Vegetation ist üppig, im Winter jedoch sehr spärlich, wenn tiefer Schnee die letzten Grasreste unter sich begräbt. Das Nordpferd (Urponytyp) mußte keine weiten Wanderungen unternehmen, um an Nahrung zu kommen, vielmehr konnte es sich im Sommer mit relativ wenig Bewegung einen dicken Bauch anfressen. Damit hatten die Tiere für den Winter Fettreserven angelegt, von denen sie zehrten. Die Bewegung wurde im Winter eingeschränkt, um Energie zu sparen. Damit entstand ein kleinerer, derber Ponytyp.

Dieses Pony, das schätzungsweise ein Stockmaß von 1,20 bis höchstens 1,40 m erreichte, bildete außerdem ein besonders dickes Fell aus, womit es im kalten Winter bestens geschützt war. Das Haarkleid bestand aus einer flauschigen, dichten Unterwolle, die vom Langhaar überdeckt wurde. Das lange Winterfell über der warmhaltenden Unterwolle erreichte eine Länge von fast 10 cm. Der Fellstrich war darauf ausgelegt, daß das Regenwasser an der Oberfläche ablaufen konnte, ohne bis zur Haut durchzudringen. Sogar bei Dauerregen blieben die Tiere auf der Haut trocken. Ein entsprechender Köten- und Langhaarbehang half zudem, das Regenwasser abzuleiten.

Die Hufe dieser Pferdetypen waren sehr weit, damit sie auf sumpfigem Untergrund nicht so leicht einsanken.

Ganz anders waren die Bedingungen des südlich lebenden Pferdes (Ursteppen- und Urarabertyp). Das Nahrungsangebot war in den trockenen Steppengebieten immer spärlich, dafür gab es keinen Winter. Die Tiere mußten weitere Gebiete nach Futter absuchen, und mit dieser Voraussetzung entstand ein Lauftier, das größer und schlanker war als der nördliche Typ. Die Widerristhöhe pendelte sich schließlich auf etwa 1,50 m ein.

Die trockenen und heißen Steppengebiete, die oftmals jahrelang keinen Regen abbekamen, verlangten nach einem harten und widerstandsfähigen Huf, der sich nur wenig abnutzte und dem Pferd eine gute Grundlage für seine notwendigen Wanderungen geben konnte. Der Huf war deshalb auch enger ausgelegt als beim Nordpferd, dafür war die Beschaffenheit des Hufhorns härter und abriebsfester. Der fehlende Winter, der in den heißen Steppengebieten von der Regenzeit ersetzt wird, machte es möglich, daß die Tiere kein dickes Winterfell benötigten. Die dichte Unterwolle der Nordpferde gab es bei den Steppentieren nicht, sie besaßen ein kurzes, seidiges und glänzendes Fell, das das Sonnenlicht gut reflektieren konnte.

Die Entstehung von verschiedenartigen Pferdetypen ist in erster Linie auf unterschiedliche Klimabedingungen zurückzuführen.

Dies sind nur einige der wichtigsten Unterscheidungspunkte dieser sehr gegensätzlichen Pferdetypen, in unseren Hauspferden sind sie jedoch weitgehend erhalten geblieben, obwohl viele Ponyrassen mit Araberblut veredelt wurden und somit nicht mehr völlig rein einem dieser

2. Die Natur der Pferde

Der Araber ist den Lebensbedingungen in südlichen Gebieten angepaßt.

Typen zuzuordnen sind. Dennoch wird klar, weshalb es den Islandpferden (welches dem ursprünglichen Urponytyp wohl noch sehr nahe steht, da es seit fast 1000 Jahren ohne Fremdblutzufuhr gezüchtet wird) im mitteleuropäischen Sommer häufig zu heiß ist, und der feingliedrige Araber bei anhaltendem, strengem Frost schon mal zu frieren beginnt. Wenn die Pferde aus ihrer entstammten Heimat quasi herausgerissen werden und plötzlich ganz anderen Klimabedingungen ausgesetzt sind, muß man dies bei der Haltung der Pferde berücksichtigen und die Tiere dabei – manchmal mit technischen Mitteln – unterstützen, damit sie mit diesen Lebensbedingungen klarkommen können.

Charakter und Typ

Nicht nur äußerlich unterscheiden sich die verschiedenen Pferdetypen, sondern auch von ihrer charakterlichen Seite her. Diese Charaktereigenschaften sind jedoch auch nur eine Folge von äußerlichen Einflüssen der Witterung und des Nahrungsangebots.

Die meisten Ponytypen sind für ihre Gutmütigkeit und ihr ausgeglichenes Temperament bekannt. Viele unter ihnen sind auch eher stur und gehen nicht einen Schritt mehr als sie müssen. Diese Einstellung hat im Grunde nichts mit Faulheit zu tun, sondern liegt ganz einfach in ihrer Art begründet.

2. Die Natur der Pferde

Das nördliche Urpony mußte so viel Energie wie möglich sparen, um gut durch die langen Wintermonate zu kommen.
Deshalb reduzierten sie ihre Fortbewegung auf das minimalst notwendige Maß.
Ganz anders beim Südpferd, das auf viel Bewegung und weite Wanderungen angewiesen war, um genügend Futter zu finden. Diese Tiere waren äußerst lauffreudig und temperamentvoll, was sich heute noch bei den Arabern und anderen Vollblutpferden zeigt.
Ein weiteres Beispiel: Viele Ponyrassen sind für ihren Futterneid bekannt. Sie verschlingen ihre Nahrung regelrecht, und die ranghöheren Tiere vertreiben die rangniedrigeren auch dann noch, wenn die überlegenen Pferde schon satt sind. Das hat damit zu tun, daß sich der Nordtyp für den Winter einen Speckmantel anfressen muß, deshalb frißt er so lange und so viel wie möglich.
Da unsere Hausponys aber auch im Winter reichlich zu fressen bekommen, darf die Sommerfütterung nicht zu üppig ausfallen, will man keine gesundheitlichen Schäden (zum Beispiel Fütterungs-Hufrehe) riskieren.
Uneingeschränkten Weidegang kann man solchen Ponytypen deshalb kaum gestatten.

Wildpferdeherden heute

Echte Wildpferde gibt es heute leider nicht mehr, es ist zwar möglich, daß sich noch kleine Restbestände des Przewalskipferdes in den Steppen Zentralasiens erhalten haben, doch diese wenigen Exemplare sind sehr scheu und eignen sich kaum, das Verhalten und die Lebensweise von Pferden zu studieren.

Dies schon allein deshalb, weil man sie schwerlich aufspüren kann. Vielleicht ist es aber in Zukunft wieder möglich, denn man bemüht sich, das in Tiergärten erhaltene Przewalskipferd wieder auszusiedeln.
Der Pferdefreund, der aber dennoch gerne wild lebende Pferde beobachten will, kann dies tun, wenn er sich mit verwilderten Herden zufrieden gibt.
Man kann sagen, daß sich verwilderte Herden zumindest annähernd so verhalten und leben, wie es ihre tatsächlich wilden Vorfahren getan haben.

Jedenfalls hat man festgestellt, daß verwilderte Hauspferde sehr schnell zu den Lebensgewohnheiten einer Wildherde zurückfinden. Außerdem entwickeln sie sich schon nach wenigen Generationen auch vom Äußerlichen her zum Urtyp zurück: Die Tiere werden robuster, kleiner und genügsamer.
Völlig sich selbst überlassen leben aber auch verwilderte Pferde nicht, im Winter wird meist zugefüttert, im Frühjahr werden Jungtiere ausgesondert und oft auch nur bestimmte Hengste zur Fortpflanzung zu den Herden gelassen. Trotzdem können die Tiere ihre sozialen Kontakte und ihr natürliches Herdenverhalten voll ausleben.

DAS DÜLMENER WILDPFERD

Die einzigen wildlebenden Pferde in Deutschland kann man im Merfelder Bruch in Dülmen bestaunen. Das Gebiet des Merfelder Bruchs war ursprünglich an

2. Die Natur der Pferde

die 4000 ha groß, jetzt umfaßt es noch ein Areal von knapp 300 ha. Darauf leben in etwa 300 Pferde, die sogenannten Dülmener Wildpferde. Die Wildbahn war ursprünglich eine von Wald-, Moor-, Heide- und Wiesenflächen durchsetzte Landschaft, die einst sehr feucht war, mittlerweile aber durch Entwässerungsgräben weitgehend trockengelegt wurde.

Erstmals erwähnt wurden die Dülmener Wildpferde schon im Jahre 1316, seit über 600 Jahren leben diese Pferde also nachweislich im Merfelder Bruch.

Die Dülmener Pferde führen das Blut verschiedener Pferderassen, hauptsächlich sind englische Ponyrassen vertreten, vor allem das Exmoor- und Welsh Mountain Pony.

Mit dem Bestreben, den Wildpferdecharakter der Herde zu erhalten, kreuzte man später auch polnische Konikponys ein, die dem Tarpan noch sehr nahe stehen.

In dem eingezäunten Bereich von 300 ha leben die Dülmener Wildpferde ganz natürlich – bis auf wenige Eingriffe des Menschen.

Im Winter wird etwas Heu zugefüttert, ansonsten sind sich die Pferde bei der Nahrungssuche selbst überlassen.

Nur einmal im Jahr – jeden letzten Samstag im Mai – wird die

Die Dülmener Wildpferde sind die einzigen wildlebenden Pferde in Deutschland.

gesamte Herde eingefangen, dabei werden die Jährlingshengste aussortiert und versteigert. Dieses Spektakel ist bereits zu einem regelrechten Volksfest geworden. Mit dem Aussondern der Junghengste wird verhindert, daß sich die Herde zu sehr vergrößert.

Nur die besten Hengste (nach menschlichem Ermessen) bleiben in der Herde. Dennoch darf die Natur auch ein wenig mitmischen, denn die naturgetreue Lebensweise sorgt für eine natürliche Selektion, bei der nur die stärksten und gesündesten Tiere die harten Winter überleben.

Das Camargue-Pferd

Auch Südfrankreich hat mit seinen weißen Wildpferden eine Touristenattraktion.
Die Rede ist von den halbwild lebenden Camarguepferden.
Einen schönen Kontrast bieten sie zu den schwarzen Stieren, die ebenfalls für dieses Gebiet im Rhône-Delta berühmt sind.
Traditionsgemäß dienten die weißen Camarguepferde den Rinderhirten des Landes, den Gardians. Die zähen und besonders wendigen Schimmel waren hervorragend für den Einsatz bei Stierkämpfen geeignet, heute kann man die weißen Pferde bei den unterschiedlichsten folkloristischen Darbietungen bewundern.

Der Regionale Naturpark Camargue umfaßt ein Areal von 820 qkm und wurde 1970 eingerichtet, um den natürlichen Lebensraum für Tiere und Pflanzen zu erhalten. Die Sumpfflächen der Camargue dienen dabei als Zuchtgebiet für Pferde und Stiere.

Die Schimmel sind an das Leben im Sumpf hervorragend angepaßt. Sie sind übrigens die einzigen Pferde, die auch im seichten Wasser weiden.

Von den Camarguepferden existieren fast ausschließlich Schimmel, irgendwann hat sich das dominant vererbliche Schimmelgen wohl durchgesetzt, daß man mittlerweile nahezu von einer Reinerbigkeit der Schimmelfarbe bei den meisten Camarguepferden ausgehen kann.

Die Abstammung der weißen Pferde aus dem Rôhne-Delta liegt im dunkeln, doch vermutet man, daß das Solutré-Pferd aus der Altsteinzeit ihr Vorfahre ist. Dennoch sind auch Einkreuzungen mit orientalischem, iberischem und berberischem Blut sehr wahrscheinlich.

Wie bei allen anderen wildlebenden Pferden bewegt sich das Stockmaß der Camarguepferde um 1,30–1,45 m.

Der Mustang

Ein Paradebeispiel für ein verwildertes Pferd ist der amerikanische Mustang. Seine Abstammung geht auf spanische Pferde (Andalusier) zurück, die auf dem amerikanischen Kontinent durch die ersten spanischen Eroberer eingeführt wurden.

Obwohl die Entstehungsgeschichte des Pferdes in Amerika ablief, gab es dort zu diesem Zeitpunkt keine Pferde mehr. Die mitgebrachten spanischen Pferde wurden auf den Eroberungsfeldzügen teils zurückgelassen oder entliefen.

Bald schlossen sich die freilaufenden Pferde zu Gruppen zusammen – wie es ihrer Art entspricht.

Der Mustang ist ein Paradebeispiel für ein verwildertes Hauspferd.

Die Mustangs gediehen in den Prärien und Ebenen des amerikanischen Kontinents prächtig, so daß bald Tausende von Nachkommen der spanischen Pferde über die Weiden streiften. Die

2. Die Natur der Pferde

Das Camarguepferd lebt halbwild in den sumpfigen Gebieten des Rhône-Deltas.

Tiere entwickelten sich über nur wenige Generationen zu kleinen, zähen und robusten Gesellen, die selten ein Stockmaß über 1,45 m hatten. Sie kamen in allen Farbschlägen vor, auch Schecken waren häufig anzutreffen, die dann bei manchen Indianerstämmen zu den bevorzugten Reittieren zählten.

Die Nez Percé-Indianer hatten eine Vorliebe für gefleckte und getigerte Exemplare und begannen, diese systematisch zu züchten. Daraus ist schließlich der heutige Appaloosa entstanden.

Der Mustang vermehrte sich auf eine Weise, daß er zu einer regelrechten Plage wurde. Die Viehzüchter klagten darüber, daß die wilden Pferde die Weiden kahlfressen und damit ihren Tieren die Lebensgrundlage raubten. Das war der Auslöser dafür, daß man gnadenlos Jagd auf die Präriepferde machte und sie schließlich fast ausrottete.

Sozusagen in letzter Minute kämpften Pferdeliebhaber um die Erhaltung der Mustangs. Letztendlich wurden Schutzgesetze erlassen und Reservate geschaffen, um die wildlebenden Pferde zu retten.

3. In der Obhut des Menschen

Vom Wildpferd zum Hauspferd

Es besteht kein Zweifel daran, daß das Pferd von allen Tieren den größten Einfluß auf die Weltgeschichte genommen hat. Was wäre aus dem Menschen geworden, hätte er sich nicht zu gegebener Zeit die Fähigkeiten des Pferdes zunutze gemacht? Es wäre zwar nicht wahrscheinlich, daß wir auch heute noch in Höhlen wohnen und in primitiver Weise Ackerbau und Viehzucht betreiben würden, dennoch hat die Domestizierung des Pferdes den Menschen ganz schön auf die Sprünge geholfen.

Mit der Domestizierung des Pferdes änderten sich die Lebensbedingungen des Pferdes stark.

3. In der Obhut des Menschen

Die Domestizierung des Pferdes

Wie die Idee entstanden ist, das Pferd zu domestizieren, weiß keiner, man kann lediglich Vermutungen und Spekulationen anstellen. Sicher ist, daß das Pferd zunächst als Fleischlieferant gejagt und sichtlich mit viel Appetit verspeist wurde. Eine ganze »Müllhalde« von Pferdeknochen hat man bei Solutré in Frankreich – aber auch andernorts – gefunden, und obwohl man sich nicht ganz sicher ist, wie dieser Haufen zustande gekommen ist, vermutet man stark, daß die Steinzeitmenschen in Ermangelung einer Müllabfuhr die Überreste ihrer Mahlzeiten dort zusammengetragen haben.

Die Jagd auf das Fluchttier Pferd war sicherlich nicht einfach, und unsere Ahnen mußten sich ihre Nahrung redlich verdienen. Möglicherweise aber glückte es bei der Pferdejagd eines Tages, nicht nur einzelne Tiere zu erbeuten, sondern eine ganze Gruppe von Pferden in die Enge zu treiben und ihrer habhaft zu werden. Das plötzliche Überangebot an Fleisch brachte die Menschen auf die Idee, die Tiere erst dann zu töten, wenn man hungrig war und so verbarrikadierten die Menschen den Zugang zur Schlucht, in die sie die Pferde getrieben hatten und aus der es nun keinen Ausweg mehr gab. Diese Vorratshaltung gefiel den Menschen, denn sie mußten nicht mehr unentwegt auf die Jagd gehen.

Bald erkannte der Mensch, daß das Pferd sich auch in Gefangenschaft fortpflanzte und der Weg vom Jäger zum Züchter war nicht mehr weit. Einmal gefangen, begriff der Mensch ziemlich schnell, daß er das Pferd auch anderweitig als nur als Fleischlieferant nutzen konnte. Und damit kam der Stein ins Rollen, und das Pferd begann als vielseitiges Nutztier seinen Siegeszug um die Welt.

Die Beweise für diese Möglichkeit der Domestizierung fehlen zwar, es könnte ohne weiteres auch anders abgelaufen sein. Vielleicht war es ein kleiner Junge, dem es gelang, ein Fohlen einzufangen, und das er als Spielgefährten behielt. Das kleine Pferdchen wurde auf den Jungen geprägt und nahm ihn als Mutterersatz an. Und sicher staunten die Mitglieder der Sippe nicht schlecht, als sie sahen, wie das Fohlen dem Jungen auf Schritt und Tritt nachlief.

Wie es tatsächlich gewesen ist, kann keiner mit Sicherheit sagen, fest steht aber, daß das Pferd zunächst als Fleischlieferant und schließlich als Zug- und Lastentier diente. Die Domestizierung datieren Experten auf etwa 4000 v. Chr., wobei man sich um ein paar Hundert Jahre hin oder her nicht streiten will.

Als dann das Pferd schließlich als Reittier entdeckt und geschätzt wurde, war der Siegeszug des Pferdes als wohl interessantestes Nutztier nicht mehr zu bremsen.

Vom Nutztier zum Sportgerät

Der Gebrauch des Pferdes zunächst als Nahrung, schließlich als Zug-, Lasten- und Reittier, hat die Zucht entscheidend beeinflußt. Der Mensch lernte, das Huftier nach seinen Vorstellungen durch gezielte Anpaarungen zu verändern.

Er züchtete Pferde, die sich besonders gut als Lastentiere eigneten, sehr kräftige Exemplare verwendete man als Arbeits- und Zugtiere und paarte immer die besten untereinander. Als Reitpferd war ein leichterer Typ gefragt, doch das Pferd fand als Reittier keine einheitliche Vor-

3. In der Obhut des Menschen

stellung, denn die Nutzung war selbst beim Reiten sehr unterschiedlich.

Es standen aber auch je nach Gebiet andersartige Pferde zur Verfügung, so daß sich überhaupt keine einheitlichen Reitpferdetypen herauskristallisieren konnten.

So waren Völker mit schnellen, hochblütigen Arabern beritten, andere wiederum mit kleinen, zähen Ponytypen und wieder andere mit schweren Kaltblütern. Diese Tatsache war sogar mitentscheidend für den Ausgang von Kriegen und Eroberungsfeldzügen. Welche Pferde man vorzugsweise bestieg, hing aber auch davon ab, ob man in den Krieg ziehen oder sich auf eine Reise begeben wollte.

Doch immer schon suchte man das für seinen Zweck beste Pferd aus – wenn man die Möglichkeit zu einer Auswahl hatte. Dies ist bis heute so geblieben. Mittlerweile hat die Technisierung zumindest in Europa das Pferd als Arbeitstier und Fortbewegungsmittel überflüssig gemacht. Damit verschwinden auch die schweren Arbeitspferde immer mehr von der Bildfläche. Im Vordergrund steht dafür die Zucht eines eleganten Sportpferdes. Da aber auch der Sportbereich sehr vielschichtig ist, bleiben verschiedene Zuchtrichtungen erhalten.

Das Pferd hat sich in der Obhut des Menschen vom Arbeitstier zum Sportkameraden gewandelt.

Das Englische Vollblutpferd wird bei Galopprennen eingesetzt. Der Traber wird ausschließlich für Trabrennen gezüchtet. Das großrahmige Warmblutpferd entstand aufgrund der Verwendung als Spring- und Dressurpferd. Und so ließe sich die Liste noch weiter fortsetzen.

Der Mensch nutzt die Eigenschaften des Pferdes bis in die heutige Zeit, er macht sich aber nur selten Gedanken darüber, ob es nach seinen ethischen Grundsätzen vertretbar ist, Tiere auf diese Weise nicht nur zu nutzen, sondern auch auszubeuten. Die häufig praktizierte Degradierung des Huftiers zu einem regelrechten Sportgerät rächt sich bereits in einer vehementen Kurzlebigkeit unserer heutigen Hauspferde, obwohl medizinische Technik und Heil-

3. In der Obhut des Menschen

kunde enorm weit fortgeschritten sind. Sicher wurden Nutztiere niemals wie Juwelen gehütet und mit Samthandschuhen angefaßt, doch die Achtung vor dem Tier war selbst bei einem Schlachttier oftmals größer, als sie der heutige Mensch vor seinem »lebenden Sportgerät« hat. Dies ist um so trauriger, weil der Mensch im Grunde nicht mehr auf das Pferd angewiesen ist, sondern es in erster Linie zur Freizeitbeschäftigung hält.

Sind Wild- und Hauspferde vergleichbar?

Da die Entwicklung des Pferdes vom Urwildpferd zum jetzigen Hauspferd so schnell fortgeschritten ist wie auch die Wandlung bei der Pferdenutzung, denken viele, man könne das ursprüngliche Wildpferd mit dem heutigen, hochgezüchteten Sportpferd in keiner Weise mehr vergleichen. Doch gerade weil die Entwicklung innerhalb von nur 4000 Jahren stattgefunden hat, können sich die Pferde – auch wenn der Mensch seine Hand im Spiel gehabt hat – nicht so stark von ihren Urahnen entfernt haben, daß ein Vergleich nicht mehr möglich wäre. Man kann sogar sehr viele Gemeinsamkeiten feststellen und diese um so mehr, je naturorientierter man sein Pferd hält. Wie bei allen verwilderten Herden festzustellen ist, finden die Tiere sehr schnell in ihr ursprüngliches, natürliches Leben zurück, ohne eine besonders lange Anpassungsphase durchlaufen zu müssen.

Um die natürlichen Bedürfnisse des Pferdes nicht aus den Augen zu verlieren, sollte man sich bei der Haltung immer an der Natur orientieren.

Ein Vergleich kann und muß sogar stattfinden, um die natürlichen Bedürfnisse der Pferde nicht aus den Augen zu verlieren.

Da diese Bedürfnisse so tief im Erbmaterial verankert sind, daß sie sogar der Mensch durch eine auf völlig andere Aspekte ausgerichtete Zucht nicht auslöschen konnte, müssen sie beim Umgang und in der Haltung berücksichtigt werden, will man verhindern, daß der Schuß »nach hinten« losgeht und damit die Überlebenschancen der Pferde herabgesetzt und infolgedessen die Nutzungsmöglichkeiten des Menschen eingeschränkt werden.

Allgemeine Gedanken zur Pferdehaltung

Im Vordergrund jeglicher Pferdehaltung stand stets die Nutzung des Tieres, nicht immer dagegen sein Wohlergehen. Als das Pferd als Arbeitstier dazu beitrug, den Lebensunterhalt einer Familie mit zu bestreiten, war man um dessen Gesundheit trotz oftmals sehr bescheidener Mittel häufig stärker bemüht, als es manch selbstgefälliger Pferdebesitzer heute ist.

3. In der Obhut des Menschen

So wie die Nutzung des Pferdes vielseitig sein kann, ist auch die Einstellung der Pferdebesitzer zu Umgang und Haltung vielschichtig.

Was beim Umgang und in der Haltung richtig ist, entscheidet allein der Mensch, obwohl es ihm zumindest heutzutage normalerweise möglich wäre, sich nach den Belangen des Pferdes zu richten, ohne daraus Nachteile ziehen zu müssen.

Nutzungsorientierte Pferdehaltung

Pferde aus nutzungsorientierten Gesichtspunkten zu halten, ist heute nicht anders als früher.

Daß sich dabei die Nutzung geändert hat, ist im Grunde nicht relevant. Entscheidend ist vielmehr, daß das Pferd für die menschlichen Belange sofort zur Verfügung steht – damals wie heute. Bequemlichkeit ist dem Menschen anscheinend ein großes Bedürfnis, und darauf richtet der Mensch auch seine Pferdehaltung aus.

Wenn man sich nach der Arbeit auf dem Pferderücken entspannen will, hat man keine große Lust, ein verdrecktes Pferd zunächst von einer möglicherweise aufgeweichten Weide zu holen und dabei mit den Gummistiefeln zwanzig Minuten über eine nasse Wiese zu laufen, um sich dann bloß zu ärgern, weil sich das liebe Pferdchen wieder mal nicht einfangen läßt.

Endlich am Halfter muß der Dreckspatz eine halbe Stunde lang gestriegelt werden, bis unter dem verklebten Schmutz etwas zum Vorschein kommt, das wenigstens annähernd wieder aussieht wie ein Pferd. Die spöttischen Bemerkungen anderer Pferdebesitzer geben einem schließlich den Rest. Dann schon lieber eine schöne, große, saubere Box, in der sich das Pferd weder in den Dreck legen, noch davonlaufen kann. Nach Feierabend hat man das Pferd innerhalb weniger Sekunden zur Verfügung, muß es nicht lange putzen, sondern kann sofort satteln, und das Vergnügen kann beginnen.

Daß eine derartige Einstellung vorherrscht, sieht man in der Praxis: Über die Hälfte aller Pferde leben in Boxen. Meist dürfen lediglich Zuchtstuten und Halbwüchsige, also Pferde, die nicht geritten werden und deshalb auch nicht immer sofort zur Verfügung stehen müssen, auf weitläufigen Weiden leben. Die meisten heutigen Reitpferde jedoch werden in Boxen gehalten.

Die meisten Reitpferde werden auf unnatürliche Weise in Boxen gehalten.

Diese Haltung ist jedoch weitgehend unnatürlich, häufige Krankheiten und Verhaltensstörungen sind vorprogrammiert.

Die Lebenserwartung des heutigen Hauspferdes beträgt im Durchschnitt nur noch 7 bis 8 Jahre, wogegen die wilden Verwandten – trotz härterer (dafür aber gesünderer) Lebensbedingungen – durchaus 20 bis 35 Jahre alt werden können.

Die geringe Lebenserwartung des Hauspferdes scheint den Menschen aber keineswegs zu stören, er ist es gewohnt, sich öfter mal etwas Neues anzuschaffen, wenn das Alte ausgedient hat. Nicht umsonst wurde der Begriff »Wegwerfgesellschaft« geprägt. Pferde, die zum Springen nicht mehr taugen, weil sie möglicherweise an Verschleißerscheinungen wie etwa Hufrollenentzündung (um nur ein Beispiel zu nennen) leiden, werden ohne Skrupel abgeschoben – verkauft an unwissende Freizeitreiter oder gleich an den Schlachter. Beim Züchter wartet schließlich schon ein neues, hoffnungsvolles Springtalent, erst dreijährig und mit Glück auch noch gesund, auf seinen Einsatz.

44

3. In der Obhut des Menschen

Sicherlich sind viele Pferdeliebhaber nicht diesem »Wahnsinn« verfallen, sondern bemühen sich, ihre reiterliche Tätigkeit in einer Form auszuüben, an der auch das Pferd Gefallen findet. Doch auf die nutzungsorientierte Haltung will man oder ist etwas Wahres dran, denn Pferde, die beispielsweise isoliert aufgewachsen sind, können mit ihren Artgenossen später absolut nichts mehr anfangen. Sie haben den Umgang mit anderen Pferden nie gelernt – sie kennen ihn nicht.

keit ist es nur dazu erzogen worden. Es hat somit eine Verhaltensstörung entwickelt. Jegliches Verhalten wider die Natur ist eine Verhaltensstörung und macht sicherlich kein Pferd glücklich und zufrieden.

Es ist deshalb in erster Linie eine

Viele Pferdebesitzer wollen es vermeiden, ein verdrecktes Pferd vom Auslauf oder der Weide holen zu müssen, deshalb leben über die Hälfte aller Pferde in Boxen.

kann man häufig nicht verzichten. Viele Pferde beweisen es auch, daß sie mit dieser Haltung dennoch recht gut fertig werden. »Sie kennen es nicht anders, und deshalb sind sie zufrieden«, heißt es dann oft. Hier In ein solches Pferd wird dann gerne hineininterpretiert, daß es eben ein Einzelgänger und darum lieber alleine sei. Diese Verhaltensweise hat nur den Anschein, als wäre das Pferd ein Einzelgänger, doch in Wirklich- Gewissensfrage und eine Frage der Verantwortung gegenüber dem Tier, inwieweit man bereit ist, die Bedürfnisse des Pferdes nur unzureichend zu erfüllen und seine eigenen Interessen voranzustellen.

Artgerecht und Zeitgemäss

In früheren Zeiten, als das Pferd als Nutztier zum Überleben benötigt wurde, war die natürliche Haltung kein Diskussionspunkt, weil die eigenen Bedürfnisse allein auf das Überleben ausgerichtet und somit viel wichtiger waren. Vielleicht benutzen heute manche Pferdehalter ihre Tiere zum Geldverdienen, sicherlich aber nicht mehr zum Überleben.

Es steht das eigene Wohlergehen im Vordergrund, deshalb ist es ohne weiteres auch möglich, sich um das Wohlbefinden des Pferdes einzusetzen. Und dies bedeutet nichts anderes als die Haltung nach artgerechten Prinzipien.

Die allein nutzungsorientierte Pferdehaltung ist nach heutigen Kriterien nicht mehr vertretbar. Traditionelles Denken hat gerade beim Umgang und in der Haltung von Tieren keinen Platz.

Früher angewandte Methoden müssen nicht richtig gewesen sein, heute hat man aufgrund besserer Voraussetzungen auch die Möglichkeit, vieles besser zu machen. Das bedeutet, jeder kann den Pferden ein zumindest annähernd artgerechteres Leben bieten, wenn er nur will. Eine zeitgemäße Pferdehaltung muß deshalb zugleich auch eine möglichst artgerechte, natürliche Pferdehaltung bedeuten.

Eine zeitgemäße Pferdehaltung sollte zugleich eine artgerechte Haltung bedeuten.

Pferdehaltung ist Einstellungssache

Für die meisten Reiter ist die Pferdehaltung mit allem was dazugehört, lediglich ein notwendiges Übel.

Im Vordergrund steht häufig der Sport, das Reiten oder Fahren mit dem Pferd. Deshalb steht der Großteil der Pferde auch in Pensionsställen, in denen man in der Regel für das Füttern und Misten nicht selbst sorgen muß. Die Versorgung der Pferde obliegt dem Stallbesitzer oder dem dafür angestellten Stallpersonal. Dafür zahlen viele Pferdebesitzer gerne ein paar Mark mehr, denn sie haben kein Interesse, nach einem anstrengenden Arbeitstag auch noch die Mistgabel zu schwingen, sondern wollen sich ganz ihrem Hobby, dem Reitsport, widmen.

Der moderne Mensch will außerdem unabhängig sein und jederzeit in den Urlaub fahren können – natürlich ohne Pferd. Muß man jedoch seine Tiere selbst versorgen, ist man gebunden und kann nicht so ohne weiteres ein paar Tage wegfahren.

Für viele Pferdebesitzer ist es aber aus beruflichen Gründen nicht möglich, sich mindestens zweimal täglich im Stall einzufinden, um die Tiere zu versorgen. Geschäftsreisen, Schichtdienst oder vorübergehend auswärtige Arbeitsstellen zwingen die Pferdefreunde dazu, die Versorgung ihrer Vierbeiner anderen Leuten zu überlassen.

In den meisten Fällen jedoch werden Pferde aus Bequemlichkeit in Pensionsbetrieben untergestellt. Damit muß man sich in der Regel auch den dort für die Pferde vorherrschenden Haltungs- und Fütterungsbedingungen unterwerfen und kann an Mißständen wenig ändern.

Da schon die Bequemlichkeit der Auslöser für die Wahl eines Pensionsstalles ist, wird man sich auch nicht besonders bemühen wollen, sich für Haltungsverbesserungen einzusetzen. Somit werden viele Möglichkeiten, die Pferdehaltung artgerechter zu

Dem echten Pferdeliebhaber ist die artgerechte Haltung der Tiere wichtiger als die Nutzung als Reittier.

gestalten, nicht ausgeschöpft. Wenn es den Pferdebesitzern egal ist, wie ihre Pferde gehalten und gefüttert werden – Hauptsache sie können jeden Abend nach Lust und Laune reiten – fehlt es an der richtigen Grundeinstellung und am Verantwortungsbewußtsein seinem Tier gegenüber. Wenn nur das Reiten im Vordergrund steht, wird das Pferd zum Sportgerät degradiert. Wer diese Einstellung mitbringt, sollte nicht das Recht haben, Pferde besitzen und reiten zu dürfen. Die Nutzung der Tiere, also auch das Reiten und Fahren, schließt die Verantwortung für eine möglichst artgerechte Haltung und Fütterung mit ein. Dem echten Pferdeliebhaber ist die Haltung seines Lieblings wichtiger als die Nutzung als Reittier. Das bedeutet in der Praxis, daß man einem Stall den Vorzug gibt, der artgerechte Auslaufhaltung anbietet, dafür aber keine Halle zur Verfügung hat, als einem Boxenstall mit Halle. Bei der Auswahl des Stalls sollte die Devise also lauten: Weide vor Halle!

Der wahre Tierfreund bezeichnet allein die Pferdehaltung als sein großes Hobby – Reiten dagegen bedeutet für ihn lediglich eine angenehme Begleiterscheinung. Wem eine artgerechte Haltung wichtiger als das Reiten selbst ist, wird mehr Freude daran haben, seinen Pferden beim Zermalmen der Heuhalme, beim Rennen auf der Weide oder beim Spiel untereinander zu beobachten, als an einer errungenen Turnierschleife. Eine derartige Einstellung ist für eine artgerechte Haltung die notwendige Voraussetzung.

Der wahre Tierfreund hat Freude an der Pferdehaltung; das Reiten ist für ihn lediglich eine angenehme Begleiterscheinung.

Die Boxenhaltung

Der unmittelbare »Nachfolger« der traditionellen Ständerhaltung ist die Haltung in üblicherweise 3 x 3 m großen Boxen. Zur Zeit der Arbeitspferde war die Boxenhaltung bereits ein Luxus, und nur wenige Tiere waren auf so »noble« Art untergebracht. Mit der Freizeitreiterwelle und dem Sportpferde-Boom hat sich die Boxenhaltung als übliche Haltungsform eingebürgert, die Ständerhaltung ist vielernorts glücklicherweise verpönt.

Mehr als die Hälfte aller Pferde (bei Reitpferden sogar mehr als 75 %) sind die meiste Zeit über in Boxen untergebracht.

INNENBOXEN

Für gewöhnlich reiht sich in einem Pferdestall eine 3 x 3 m große, meist im oberen Teil vergitterte Box an die andere. Zwischen den Boxenreihen hindurch ist eine Stallgasse angelegt, in der die Pferde geputzt und gesattelt werden. Oft kann man den Stall lediglich von der Frontseite aus betreten.

Eine Halle schließt sich häufig direkt an den Stall an, daß man keinen Schritt ins Freie machen muß, um das Pferd zu bewegen. Für den »Nur-Reiter« eine praktische Sache, denn er hat das Pferd sofort zur Verfügung und ist in seiner reiterlichen Tätigkeit nicht vom Wetter abhängig. Für das Pferd ist diese Haltung weniger lustig. Es steht in der Regel sein ganzes Leben lang nur in einer 9 qm großen Box, in der es sich bestenfalls noch umdrehen kann, und wird nur (wenn es Glück hat, dann sogar täglich) zum Reiten für eine Stunde am Tag aus der Box geholt.

Sieht man sich die natürlichen Lebensgewohnheiten eines Pferdes an, muß man feststellen, daß ein Boxenpferd unter enormem Bewegungsmangel leiden muß. Die Folgen sind häufig nicht nur Verspannungen, sondern auch Verhaltensstörungen wie Koppen oder Weben. Der Stoffwechsel funktioniert nicht so richtig, die Durchblutung ist gehemmt, was sich auf den gesamten Organismus negativ auswirkt. Es können Koliken begünstigt werden, aber auch das Hufwachstum ist eingeschränkt, weil dem Huf über das Blut zu wenig Nährstoffe zugeführt werden.

Normalerweise können Boxenpferde ihre Artgenossen in der Nachbarbox durch die Gitterstäbe hindurch sehen, allerdings bleibt ihnen ansonsten jeglicher Sozialkontakt (zum Beispiel gegenseitiges Kraulen) verwehrt.

Ein Boxenpferd kann beispielsweise gegenüber einem ranghöheren Artgenossen in der Nachbarbox den notwendigen respektvollen Abstand nicht einhalten, so daß es ständig zu aggressiven Drohungen des Nachbarpferdes kommt.

Pferde in Boxenhaltung sind deshalb einem enormen Streß ausgesetzt, und nicht selten reagieren sich die Tiere unter dem Reiter im schlimmsten Fall durch Bocksprünge, Durchgehen oder Steigen ab.

Wenn ein Ablongieren notwendig ist, damit das Pferd seinen angestauten Bewegungsdrang loswerden kann, oder wenn das Tier in der ersten Viertelstunde eines Ritts nicht ruhig und ausgeglichen geht, sind dies Negativauswirkungen der Boxenhaltung.

3. In der Obhut des Menschen

Die ausschließliche Boxenhaltung ist genaugenommen Tierquälerei.

Genaugenommen ist eine ausschließliche Boxenhaltung Tierquälerei, weil die Pferde ihre grundlegenden arttypischen Verhaltensweisen (Herdenverhalten, Sozialkontakt, Bewegung) nicht ausleben können und infolgedessen sowohl psychische als auch physische Schäden davontragen.

Eine extrem schlechte Luft in geschlossenen Boxenställen, die nicht nur das Wohlbefinden der Tiere beeinträchtigt, sondern eindeutig auch deren Gesundheit schädigt, ist ebenfalls ein negativer Aspekt der Pferdehaltung in Innenboxen. Die im warmen und feuchten Stallmief vorhandenen Schadstoffe wie Ammoniak oder Kohlendioxid schädigen die Lungen der Pferde so nachhaltig, daß chronische Erkrankungen der Atemwege (zum Beispiel Heustauballergie, Dämpfigkeit) nahezu vorprogrammiert sind.

AUSSEN-BOXEN

Der schlechten Stalluft kann man zumindest mit sogenann-

Außenboxen ermöglichen den Pferden, frische Luft zu schnappen und die Geschehnisse im Hof zu beobachten.

ten Außenboxen vorbeugen, wobei die Boxentüren nicht auf eine Stallgasse führen, sondern ins Freie. Die Pferde können ihre Köpfe durch die offene Luke stecken, frische Luft schnuppern und die Geschehnisse im Hof beobachten.

Die Außenboxen sollten die Öffnungen immer nur auf einer Seite haben, damit Zugluft verhindert wird. Manche Pferdehalter planen die Außenboxen als abgeschlossene Abteile, weil sie so die Boxen vor Zugluft schützen wollen, da sowieso die obere Türhälfte offen bleibt. Diese Konstruktion verhindert jedoch vollkommen den sozialen Kontakt zu den Artgenossen in den Nachbarboxen.

Nur wenn die Pferde durch ihr Fenster gucken, und der Nachbar ebenfalls seinen Kopf durch die Luke steckt, können sie sich wenigstens sehen.

Wenn die Öffnungen der Außenboxen nur in einer Himmelsrichtung liegen, kann es keine Zugluft geben, deshalb dürfen die Boxenwände zum Nachbarn ruhig nur halbhoch sein, am besten unvergittert, damit sich die Tiere wenigstens beschnuppern und über die Boxenwand hinweg am Hals kraulen können.

Ein Stall mit Außenboxen sollte außerdem so angelegt sein, daß die offenen Luken der Wetterseite (die Himmelsrichtung, aus der meist der Wind bläst) abgewandt sind. Dann kann es auch nicht in die Boxen hineinregnen oder -schneien.

Richtig angelegte Außenboxen sind zwar schon viel besser als Innenboxen, dennoch sind sie für den immerwährenden Aufenthalt der Pferde ebenfalls nicht geeignet.

Immer noch fehlt eine ausreichende Bewegungsmöglichkeit, und selbst bei nur halbhohen Boxenwänden ist der Sozialkontakt noch unzureichend.

Die Auslaufhaltung

Da sich Bewegungsmangel bei Pferden nicht nur psychisch, sondern auch physisch negativ auswirkt – man denke nur an angelaufene Sehnen oder schlecht wachsende Hufe – geht der Trend mehr und mehr zur Auslaufhaltung.

Damit kommt man der artgerechten Haltung schon einen großen Schritt näher. Vor allem, wenn die Pferde dabei die Möglichkeit haben, sich mit ihren Artgenossen zu tummeln, mit ihnen zu rennen, zu spielen und gegenseitig Fellpflege zu betreiben.

Ehemalige Boxenpferde, die auf Auslaufhaltung umgestellt wurden, sind häufig nicht wiederzuerkennen. Sie danken ihren Besitzern die naturnahe Haltungsform mit Freude und Eifer bei der Arbeit unter dem Sattel, einem freundlichen und ausgeglichenen Wesen, einer robusten Gesundheit und erhöhter Leistungsbereitschaft. Was will der Reiter mehr?

DIE AUSSEN-BOX MIT PADDOCK

Die einfachste Form der Auslaufhaltung, die diesen Namen in den meisten Fällen aber eigentlich nicht so recht verdient, ist die Außenbox mit angeschlossenem Paddock.

Man kann diese Art der Auslaufhaltung eher mit einem Einzelzimmer mit Terrasse vergleichen. Die Pferde haben frische Luft und können einige Schritte

3. In der Obhut des Menschen

Ein guter Kompromiß ist die Außenbox mit angeschlossenem Paddock.

aus ihrer eingestreuten Box tun und sich sozusagen die Beine etwas vertreten. Doch für Pferde ist dieser »Auslauf« immer noch völlig unzureichend, weil die Paddocks meist viel zu klein sind.

Von einem richtigen Auslauf kann man im Prinzip erst sprechen, wenn die Pferde die Möglichkeit haben, auch zu galoppieren.

Dennoch: Ein kleiner Paddock ist immer noch besser als gar kein »Freigang«. Trotzdem darf man sich über die oftmals schönen »Balkons« vor den Boxen nicht hinwegtäuschen lassen, daß es sich hier lediglich um eine Zwischenlösung handelt – wiederum vorausgesetzt, daß die Pferde permanent auf diese Weise untergebracht sind und nicht zumindest stundenweise Weidegang bekommen.

Nur wenn Pferde im Auslauf auch galoppieren können, hat er die notwendige Mindestgröße.

Die an Außenboxen angeschlossenen Paddocks grenzen häufig direkt an den Auslauf des Nachbarpferdes an, so daß zumindest auch hier ein sozialer Kontakt der Pferde über den Zaun hinweg möglich ist.

Eine bescheidenere Haltungsform als die Außenbox mit Paddock sollte keinem Pferd zugemutet werden.

Selbst eine rationelle Versorgung sowie die optimale Verfügbarkeit der Pferde werden dabei in keiner Form einge-

3. IN DER OBHUT DES MENSCHEN

schränkt, denn diese Haltungsform ist der traditionellen Boxenhaltung immer noch sehr ähnlich. Außer einem geringfügig höheren baulichen Aufwand und etwas mehr Platz ist sonst nichts notwendig, um diese Haltungsform zu realisieren.

DIE GRUPPEN-AUSLAUF-HALTUNG

Würde man die einzelnen Paddocks vor den Außenboxen zusammenschließen, bekäme man einen größeren Auslauf für alle Pferde: Die Gruppenauslaufhaltung ist perfekt.

Die unbestrittenen Vorteile der Gruppenauslaufhaltung sind eine größere Beweglichkeit für jedes einzelne Pferd sowie ein intensiverer Sozialkontakt untereinander.

Will man diese sehr positiv zu bewertende Haltungsform verwirklichen, sind jedoch einige wichtige Punkte zu beachten.

Die Gruppenauslaufhaltung ist zwar schon sehr naturnah, dennoch sind die Tiere in ihrem Freiraum immer noch eingeschränkt und können je nach Größe des Auslaufs einem ranghöheren Artgenossen manchmal nur unzureichend ausweichen. Je größer die Gruppe, desto größer muß demnach auch der Auslauf sein.

Würde man nur diesen Aspekt alleine berücksichtigen, wäre dies sehr leichtsinnig, denn auch das Herdengefüge muß harmonisch sein, will man Streß, Streitereien und Keilereien vermeiden. Es gibt nunmal auch unter den Pferden Typen, die sich absolut nicht miteinander vertragen oder die einfach nicht zueinander passen. Wie im einführenden Kapitel über die Natur des Pferdes bereits erläutert, leben Pferde in Familienverbänden.

Deshalb ist es auch nicht sinnvoll, zu viele Tiere zusammenzuschließen, weil jedes einzelne Pferd den Überblick verliert und sich aggressive Rangstreitigkeiten anbahnen können.

»Großherdenpferde« können darum sehr gestreßt sein, besonders dann, wenn der Auslaufbereich relativ klein ist. Man kann aber gut und gerne größere Gruppen auf sehr weitläufigem Areal halten; man wird feststellen, daß sich dann von selbst mehrere kleine Grüppchen bilden.

Die Größe des Auslaufs muß so bemessen sein, daß die Pferde

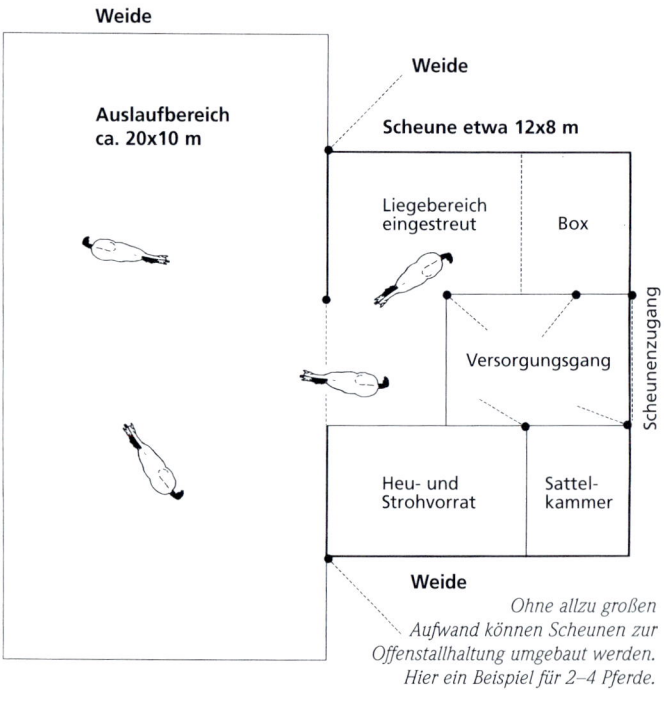

Ohne allzu großen Aufwand können Scheunen zur Offenstallhaltung umgebaut werden. Hier ein Beispiel für 2–4 Pferde.

3. In der Obhut des Menschen

ihren jeweiligen Individualabstand einhalten können. Dieser ist übrigens bei robusten Ponyrassen geringer als bei hochblütigen Pferden. Man kann also auf gleichgroßem Areal mehr Ponys als Vollblüter halten.

Wie eine Gruppenauslaufhaltung funktionieren kann, hängt immer von den gegebenen Umständen ab, hauptsächlich vom zur Verfügung stehenden Platz und vorhandenen »Pferdematerial«. Es ist beispielsweise wenig sinnvoll, ein Shetlandpony zu einem Friesen zu stellen, weil sich diese Typen zu sehr voneinander unterscheiden. Schon der Größenunterschied dieser beiden Rassen macht gemeinsames Spielen, Rennen, aber auch gegenseitige Fellpflege nahezu unmöglich.

Ein heißblütiger Araber wird außerdem seine liebe Not haben, einen eher schwermütigen Kaltblüter zum Spielen und Rennen zu animieren. Nicht umsonst gesellt sich auch in der Natur Gleiches zu Gleichem.

Man hat sogar die Tendenz beobachtet, daß sich Pferde gleicher oder ähnlicher Farbe eher zusammenschließen (also Schimmel zu Schimmel) als völlig gegensätzliche Farbschläge (zum Beispiel Schimmel zu Rappe).

Mehr noch als diese Anzeichen zählen jedoch andere Umstände: Sind zwei Pferde auf derselben Weide aufgewachsen oder werden häufig zusammen ausgeritten, kann sich selbst bei sehr unterschiedlichen Pferdetypen eine regelrechte Freundschaft entwickeln.

Diese Tiere dann in verschiedene Gruppen zu stecken, wäre nicht sehr sinnvoll.

Im Prinzip sollen immer die Pferde eine Gruppe bilden, die sich nicht nur vom Typ, von der Rasse und Größe her ähneln, sondern auch vom Alter her. Gleichaltrige Spielkameraden sind ganz besonders für Absatzfohlen und Jährlinge wichtig. Auch Zwei- und Dreijährige sind noch im Flegelalter und sollten sich mit ihren gleichaltrigen Artgenossen austoben können.

Die Offenstallhaltung

Während bei der Gruppenauslaufhaltung jedes Pferd seine eigene Box hat, in der es individuell gefüttert wird, dort auch meist des nachts untergebracht ist oder bei einer Krankheit seine »eigenen vier Wände« nicht verlassen darf, versteht man unter dem Begriff Offenstallhaltung eine Gruppenauslaufhaltung, in der den Pferden ein gemeinsamer Unterstand zur Verfügung steht. Der Stall kann lediglich eine dreiseitig umschlossene Schutzhütte sein oder aber auch etwas komfortabler mit überdachten Liegeflächen, Freßständern und eigens angelegten Wälzplätzen.

Die bauliche Ausführung einer Offenstallanlage hängt von der Anzahl und Art der Pferde ab, aber auch von den örtlichen Gegebenheiten und nicht zuletzt von den finanziellen Möglichkeiten des Pferdehalters.

Der Offenstall schützt die Tiere lediglich vor extremen Witterungseinflüssen, ansonsten leben die Pferde in artgerechten Verbänden in Auslaufhaltung, wobei sie je nach Bedarf den geschützten Stallbereich aufsuchen können.

Zu einem ordnungsgemäßen Offenstall gehören mindestens ein überdachter Liegebereich, ein Auslaufbereich (teils befestigt) sowie eine Weide, die vor allem im Sommer als Nahrungsgrundlage dient. Der Offenstall muß so konstruiert sein, daß alle – auch die rangniedrigen – Tiere während einer Schlechtwetterperiode im Unterstand Schutz suchen können.

Die Größe und Anordnung der Zugangsöffnungen müssen den rangniedrigen Pferden immer eine Ausweichmöglichkeit offen

53

3. In der Obhut des Menschen

Ein Offenstall schützt die Pferde vor allzu extremen Witterungseinflüssen, ansonsten leben die Pferde in artgerechten Verbänden in Auslaufhaltung.

halten. Fühlen sie sich im Unterstand von den ranghöheren Artgenossen bedrängt, meiden sie ansonsten den Stall und bleiben auch bei extremen Witterungsbedingungen schlotternd im Regen stehen. Dies darf im Hinblick auf die Gesunderhaltung der Tiere nicht passieren.

Die Haltung im Offenstall bedarf deshalb der Überlegung mehrerer Faktoren, um den Gedanken an eine artgerechte Haltung auch in der Praxis aufrechterhalten zu können. Einen schlechten Ruf hatte die Offenstallhaltung durch unsachgemäße Robusthaltung von Pferden bekommen, bei denen die Pferdebesitzer wohl aus Unwissenheit wichtige Punkte einer artgerechten Offenstallhaltung außer acht gelassen hatten.

Unbefestigtes Geläuf verwandelt sich bei Regenwetter beispielsweise innerhalb kürzester Zeit zu Matsch. Dieser ist zwar für die Hufpflege ein wichtiger Faktor, dennoch dürfen die Tiere nicht ständig im Morast stehen. Es muß ihnen möglich sein, auch trockene Plätze aufzusuchen. Wie gesagt, es müssen ausreichende, weiche und trockene Liegeflächen zur Verfügung stehen.

Auch in der Natur würden sich die Pferde nicht freiwillig ständig auf matschigen Böden aufhalten.

Ihr natürlicher Lebensraum besteht aus einem größeren Areal, so daß sich zum einen kaum matschige Stellen bilden (bestenfalls an den Tränkstellen) und zum anderen haben sie die Möglichkeit, jederzeit einen anderen Aufenthaltsort zu wählen.

3. In der Obhut des Menschen

Die Offenstallhaltung ist eine naturnahe und darum sehr zu empfehlende Haltungsform.

Selbst wenn die (richtig durchgeführte) Offenstallhaltung im Prinzip die natürlichste Haltungsform für Pferde ist, ist sie im Vergleich zum natürlichen Lebensraum immer noch ein Kompromiß. Die eingeschränkte Auslaufmöglichkeit bedeutet deshalb einen Mehraufwand bei den haltungstechnischen Einrichtungen, es müssen also beispielsweise Auslaufbereiche befestigt werden.

Ein weiterer Nebeneffekt ist auch die Zufütterung von Heu, weil die Weideflächen für eine ganzjährige Versorgung für gewöhnlich nicht ausreichen.

Dennoch ist die richtig durchgeführte Offenstallhaltung die beste Haltungsform für Pferde, die der Mensch in der heutigen wirtschaftlichen und gesellschaftlichen Situation durchführen kann.

Da sie den natürlichen Bedürfnissen der Huftiere am nächsten kommt, ist sie auch die Haltungsform, die uneingeschränkt empfohlen werden kann.

Bei richtiger Planung und Durchführung kann man sie auch Leistungspferden gönnen, wenn man bereit ist, den dafür notwendigen Mehraufwand auf sich zu nehmen. Warum sollte man sich nicht mit einer artgerechten Haltung anstatt mit (möglicherweise zahnschädigenden) Leckerlis für den Einsatz und die Leistungen des Pferdes bedanken? Dem Pferd wäre es sicherlich allemal lieber.

DIE WEIDE-HALTUNG

Ohne Frage ist die Weidehaltung die natürlichste Form der Pferdehaltung. Sie ist darum ohne Einschränkung zu empfehlen, immer vorausgesetzt, daß sie fachgerecht betrieben wird. Die Pferde ernähren sich über die Sommermonate ausschließlich von der Weide, wenigstens im Winter aber muß normalerweise zugefüttert werden. Auch wenn die Tiere noch so robust sind (beispielsweise Isländer), muß ihnen ein dreiseitig umschlossener Unterstand zur Verfügung stehen. Es muß den Pferden möglich sein, sich bei schlechtem Wetter in die trockene Schutzhütte zurückzuziehen. Im Sommer schützt der Unterstand aber auch vor allzu lästigen Insekten und zu starker Sonneneinstrahlung.

Die Weidehaltung entbindet den Pferdebesitzer aber nicht davon, regelmäßig die Pferde auf ihren Gesundheitszustand zu kontrollieren und die Hufe zu säubern. Die Weiden sollten möglichst auch abgemistet werden, da sich sonst Geilstellen ausbreiten und der Verwurmung Vorschub geleistet wird.

Für die Weidehaltung ist sehr viel Platz notwendig, damit die Ernährung sichergestellt ist.

Man muß bei ständiger Beweidung damit rechnen, daß die Pferde (vor allem bei nassem Wetter) die Grasnarbe durch ihren Tritt zerstören. Somit ist der Futterertrag bei Standweiden niedriger als bei Portions- oder Umtriebsweiden, die sich während der Ruhephasen wieder erholen können. (Näheres zur Weidehaltung und -pflege siehe ab Seite 83.)

Zwischenlösungen

Finanzielle Situationen, örtliche Begebenheiten oder anderweitige Lebensumstände können Kompromisse in der Pferdehaltung notwendig machen.

3. In der Obhut des Menschen

Nicht jeder Pferdeliebhaber ist in der glücklichen Situation, Eigentümer eines eigenen Stalls zu sein oder einen gutbezahlten Job auszuüben, der einem das notwendige Kleingeld für Stallumbauten oder drainierte Ausläufe beschert.

Dies muß nun aber nicht gleich bedeuten, daß man auf die Pferdehaltung verzichten muß, denn es sind häufig auch akzeptable Kompromisse möglich. Wenn man bereit ist, bei der Pferdehaltung selbst Hand anzulegen, kann man beispielsweise viel Geld sparen.

Artgerechte Haltung muß nicht teurer sein, meist ist sie aber mit mehr Aufwand verbunden.

Man sollte aber bedenken, daß Zwischenlösungen nur akzeptabel sein können, wenn dadurch die natürlichen Bedürfnisse der Pferde nicht allzusehr eingeschränkt werden.

Zwischenlösungen können aber nicht nur aufgrund persönlicher Umstände notwendig sein, sondern auch aus gesellschaftlichen Problemen erwachsen.

Sichere Verwahrung

Vor allem die Auslaufhaltung von Pferden ist gewissen Risiken ausgesetzt, die die heutige Gesellschaft mit sich bringt. Die Risiken können vielschichtig sein. Es besteht die Möglichkeit, daß Spaziergänger an der Weide oder dem Auslauf vorüberkommen und die Pferde mit Gras, Brot oder anderen Leckereien füttern. Dabei können unter Umständen Koliken oder Vergiftungserscheinungen auftreten, weil zuviel oder falsches Futter verabreicht wurde.

Diese Gefahr besteht in abgeschlossenen Boxenställen nicht. Schützen kann man sich vor sicherlich gut gemeinten Fütterungen von »außen« kaum, dennoch ist ein Schild »Füttern verboten« am Zaun immer gut angebracht.

Die Ausbruchgefahr darf man bei Auslauf- und Weidehaltung ebenfalls nicht unterschätzen. Je größer der Auslaufbereich ist, desto weniger werden die Tiere zwar mit der Umgrenzung konfrontiert, doch desto ungesicherter ist im Normalfall auch der Zaun. Das hängt vor allem mit den Kosten zusammen. Ein guter, ausbruchsicherer Holzzaun ist teuer, deshalb verwendet man bei großen Weiden gerne Alternativen wie die preisgünstigeren Elektrobänder. Besonders geschickte Pferde können sogar zwischen den stromführenden Bändern hindurchschlüpfen, andere rennen blindlings durch den Zaun, wobei die Breitbänder zerreissen. Ein häufiger Grund, Kompromisse bei der artgerechten Haltung einzugehen, ist die Angst vor Diebstahl. Offenställe können meist nicht in der Form vor unbefugten Zutritten gesichert werden wie geschlossene Stallungen. Da die Pferde ungehinderten Zugang ins Freie haben sollen, trennt sie oftmals nur ein Zaun vor unerlaubten Zugriffen. Der Zaun kann aber sehr schnell zerstört oder das Weidetor geöffnet werden. Breitbänder sind innerhalb kürzester Zeit durchschnitten, Riegel und Schlösser an den Weidetoren schnell geknackt. Vor allem einsam gelegene Weiden und Offenstallungen sind bei Dieben sehr beliebt, weil sie dort ungestört ihr Handwerk verrichten können.

Das sind alles Gründe, die Pferdebesitzer dazu veranlassen, ihre Tiere wenigstens über Nacht in den gesicherten Stall zu sperren.

Die Aufstallung während der Nacht ist sicherlich akzeptabel, obwohl man bedenken muß, daß Pferde nicht die ganze Nacht über schlafen, wie es der Mensch tut. Pferde kennen keine längeren Schlafperioden, sie sind deshalb auch in der Nacht häufig aktiv.

Der Gedanke, daß die Tiere in ihrer Box in Ruhe schlafen können, ist demnach falsch.

3. In der Obhut des Menschen

Während einige Pferde den ganztägigen Weidegang gut vertragen, dürfen andere nur stundenweise grasen, um gesundheitlichen Schäden vorzubeugen.

Trotzdem muß die Sicherheit immer Vorrang haben, und so ist die Boxenhaltung während der Nacht nicht die schlechteste Lösung.

INDIVIDUELLE FÜTTERUNG

Die zeitweilige Boxenhaltung kann von Vorteil oder sogar notwendig sein, wenn sehr unterschiedliche Pferdetypen zusammen gehalten werden. Während ein Teil der Pferde ganztägigen Weidegang ohne Probleme verträgt, wird so manches Pony dagegen zu fett und läuft Gefahr, an Hufrehe zu erkranken, wenn man es ungehindert weiden läßt.

Deshalb kann eine zeitweilige Trennung der Pferde notwendig werden.

Möglich ist eine Abtrennung der Weide, wobei auf dem bereits abgeweideten Teil die Risikokandidaten untergebracht werden, und das frische Gras jenseits der Absperrung von den anderen Pferden abgerupft wird.

Je nach örtlicher Begebenheit müssen die Pferde aber auch im Auslauf oder in der Box verbringen, während die Kollegen sich auf der Weide laben.

Bei Leistungspferden ist die Aufstallung während der Fütterungszeiten sinnvoll, da jedem Pferd seine individuelle Portion zugeteilt wird, und es zu keinen Streitigkeiten um das Futter kommen kann.

Der Futterneid (der vor allem bei Ponyrassen verstärkt vorkommt) veranlaßt die Tiere, ihre Ration möglichst schnell zu verschlingen, was Koliken begünstigt.

Viele Pferde müssen individuell gefüttert werden.

Gerade aber weil die meisten Pferdehalter von ihren Tieren auch bestimmte Leistungen verlangen, sei es »nur« als Freizeit-Reitpferde oder eben auch als Hochleistungs-Turnierpferde, sollte eine individuelle – auf die zu erbringende Leistung zugeschnittene – Fütterung gewährleistet sein.

Dies kann Kompromisse bei der Haltung bedeuten. Die Trennung der Pferde zu den Fütterungszeiten kann deshalb notwendig und sinnvoll sein.

Unverträglichkeit unter den Pferden

Haltungsbedingte Zwischenlösungen und Kompromisse sind aber auch erforderlich, wenn zu unterschiedliche Pferderassen zusammen gehalten werden sollen.

Manchmal entstehen in einer Herde Aggressionen, wenn sich zwei Tiere nicht vertragen und sich bei jeder Gelegenheit verprügeln. Um die Verletzungsgefahr bei derartigen Auseinandersetzungen zu bannen, kann es notwendig sein, die Streithähne auf Dauer zu trennen, was insgesamt eine Beeinträchtigung der artgerechten Haltung bedeuten kann.

Solche Pferde können aber trotz haltungsbedingter Einschränkung (Trennung, Auslaufabteilung) zufriedener leben, weil der Streß bei ständig aufkommenden Streitigkeiten zwischen den Pferden vermieden wird.

Sonderfall Hengst?

Die Haltung von Hengsten ist in der Pferdehaltung häufig ein Problem, will man sich nicht mit schlechten Kompromissen zufriedengeben. Der Einfachheit halber werden die Hengste fast ausschließlich in Boxen gehalten und dürfen höchstens im Alleingang für einige Stunden am Tag in den Auslauf.

Der Sozialkontakt zu Artgenossen bleibt den meisten Hengsten verwehrt.

Tatsächlich ist es bei Hengsten nicht so einfach, geeignete Gefährten zu finden, scheiden doch Stuten meist von vorne herein aus, wenn man nicht gerade mit ihnen züchten will. Gesellt man einem Hengst einen zweiten Hengst hinzu, kommt es nicht selten zu äußerst aggressiven Auseinandersetzungen.

Diese extremen Rangkämpfe können aber auch zwischen Hengst und Wallach stattfinden, weil der Hengst selbst im Wallach einen Nebenbuhler sieht und ihn mit allen Mitteln zu vertreiben versucht. So gibt es manche Hengste, die als absolut unverträglich gelten und deshalb nur in Einzelhaft gehalten werden können.

Obwohl eine Kastration sicher nicht zum natürlichen Leben eines Pferdes gehört, wäre es unsinnig, reine Reithengste nicht legen zu lassen. Da der Mensch die Pferdezucht mit gezielten Anpaarungen steuern will, kann er sich keine »wilde Vermehrung« leisten, vor allem auch deshalb nicht, weil er für den Nachwuchs sorgen muß und nur »gute« Pferde auf dem Markt absetzen kann.

Hengste, die für die Zucht nicht in Frage kommen, ziehen ein besseres Los, wenn sie kastriert und als Wallach in eine Herde integriert werden.

Zuchthengste dagegen sollten zumindest die Möglichkeit erhalten, während der Deckzeit im Frühjahr mit den zu deckenden Stuten auf der Weide zu leben. So kann die Bedeckung im natürlichen Rahmen ablaufen. Außerhalb der Deckzeiten

3. In der Obhut des Menschen

ist es vielleicht möglich, sie mit Wallachen zusammenzustellen oder ihnen zumindest über den Zaun hinweg Kontakt zu den Artgenossen zu gewähren.

Hengste, die nicht in der Zucht eingesetzt werden, leben zufriedener, wenn sie kastriert und als Wallach in eine Herde integriert werden.

Bei richtig durchdachter Zuchtplanung, die den Pferdebestand sowie die Stallungen miteinbezieht, müssen Hengste nicht als Sonderfälle behandelt werden, sondern können ebenso ein artgerechtes Leben führen.
Sollten Kompromisse notwendig sein, muß man sie immer unter dem Aspekt der artgerechten Haltung und vor seinem Gewissen verantworten können.

Zu »abgespeckte« Versionen einer artgerechten Pferdehaltung, die dann nicht mehr als naturnah und pferdegerecht bezeichnet werden kann, sollte man um das Wohlergehen der Tiere willen vermeiden.

Die Haltung von Hengsten kann zum Problem werden, will man sich nicht mit schlechten Kompromissen zufrieden geben.

4. DIE PRAXIS

Wunschvorstellungen und Realität

In der Theorie hört sich immer alles sehr einfach an, die Umsetzung in die Praxis gestaltet sich meist recht problematisch. Zu viele anfangs unbedachte, vor allem aber unvorhersehbare, Einflüsse machen den Traum von der artgerechten Pferdehaltung zunichte.

Die Pferdehaltung muß zum Hobby werden, und der Reitsport wird Federn lassen müssen, wenn man sich für eine wirklich artgerechte Haltung einsetzen will. Und immer wird man mit Kompromissen leben müssen, perfekte Lösungen zu realisieren, wird nur den wenigsten gelingen. Leider muß man sich damit abfinden, daß die Praxis meist mehr Probleme bereithält, als man sich bei der Planung vorstellen kann. Erstrebenswert ist jedoch immer, das beste aus dem zu machen, was einem zur Verfügung steht. Dabei hat schon so manch kluger Kopf mit einfachsten Mitteln ideale Begebenheiten geschaffen, die Reitern wie Pferden gleichermaßen zugute kommen.

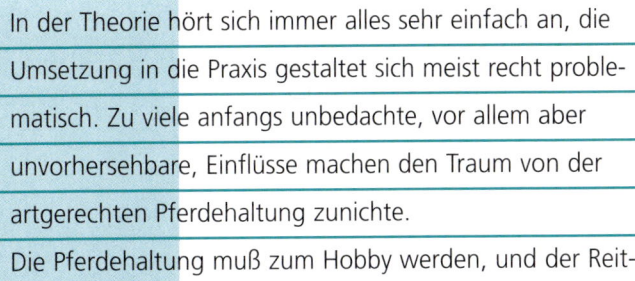

Will man sich für eine artgerechte Haltung einsetzen, muß die Pferdehaltung und nicht das Reiten zum Hobby werden.

4. Die Praxis

Freizeit- und Sportpferde

Der häufigste Konfliktpunkt auf dem Weg zu einer artgerechten Haltung ist der Wunsch auf die ständige Verfügbarkeit und den intensiven Einsatz des Pferdes als Reittier. Die Offenstallhaltung, die vielen Pferdebesitzern bislang nur in Eigenregie möglich ist, bedeutet in der Regel mehr Aufwand an baulichen Maßnahmen und Zeit.

Pensionspferdehalter scheuen diesen Mehraufwand, zumal die Pferdebesitzer oftmals nicht bereit sind, entsprechend mehr zu bezahlen.

Doch es liegt nicht nur am Geld, das viele Pferdebesitzer von der artgerechten Haltung abhält, vielmehr geht es ihnen darum, ihrer reiterlichen Tätigkeit ohne Einschränkungen nachkommen zu können. Gerade der Sportreiter ist darauf bedacht, sein tägliches Training kontinuierlich durchführen zu können, um seinen »Crack« fürs nächste Turnier fit zu halten. Die Offenstallhaltung jedoch blockiert das Training, sie schränkt die Intensität der Trainingseinheiten ein, oder es sind gar längere Pausen notwendig.

Die Offenstallhaltung kann die Nutzung des Pferdes über die Wintermonate hinweg einschränken.

Bei der Gruppenauslaufhaltung befürchten manche Sportpferdereiter, daß sich ihre vierbeinigen Partner bei Keilereien mit Artgenossen unnötig verletzen könnten. Verletzungen durch Schläge, Tritte oder Bisse können eine reiterliche Zwangspause bedeuten. Auch deshalb sehen die Besitzer ihre Turniercracks lieber in sicheren Boxen verwahrt.

In Offenställen gehaltene Pferde produzieren im Herbst ein dichtes Winterfell, wodurch die Tiere bei der Arbeit sehr schnell ins Schwitzen kommen. Ein durchgeschwitztes Pferd ist im Durchschnitt nach zwei Stunden unter einer warmen Decke (mit Strohauflage) wieder trocken.

Erst dann kann das Pferd nach draußen in den Auslauf entlassen werden. (Für diese Abtrocknungsphase muß also in jedem Fall eine Box vorhanden sein.)

Wer will heutzutage schon die Zeit aufbringen, um sein Pferd nach dem Reiten ein bis zwei Stunden mit Stroh trockenzureiben? Die praktischen Solarien können und wollen sich nicht alle Stallbesitzer leisten. Aber auch darunter benötigen die Pferde diverse Zeit zum Abtrocknen, während dieser sie nicht ohne Aufsicht bleiben dürfen.

Um das Schwitzen während der Winterarbeit in Grenzen zu halten, scheren viele Sportreiter ihre Pferde und lassen sie eingedeckt in den Boxen stehen. Die Decke ersetzt jedoch das natürliche Winterfell nicht. Diese Methode ist deshalb keine Lösung für Offenstallpferde. Um der Gesundheit von robust gehaltenen Pferden Rechnung zu tragen, muß die reiterliche Tätigkeit im Winter entsprechend eingeschränkt werden. Das kann bedeuten, daß schnelle Gangarten tabu sind und lediglich eine halbe Stunde im Schritt möglich ist, damit das Pferd nicht ins Schwitzen kommt.

Nicht alle Reiter sind bereit, ihre Ritte im Winter auf diese Weise zurückzuschrauben.

Sportpferdehalter können sich in der stark leistungsbezogenen Turnierszene derartige Reduzierungen des täglichen Trainings nicht erlauben, wollen sie den Anschluß an die Leistungsspitze im Turniersport nicht verlieren.

Aus diesem Grund stehen viele Reiter vor der Wahl: Entweder eine artgerechte Pferdehaltung mit reduzierten Reitmöglichkeiten oder uneingeschränktes Reitvergnügen, aber eine damit verbundene unnatürliche Pferdehaltung.

Vor allem im Winter ist die Nutzung der Pferde aufgrund ihres Winterfells oftmals eingeschränkt.

RASSE-SPEZIFISCHE UNTER-SCHIEDE

Im Prinzip kann man jede Pferderasse robust im Offenstall halten, wenn die Tiere fachgerecht an diese Haltungsform gewöhnt worden sind.
Die Zuchtvariationen bringen jedoch auch Pferde hervor, die den harten Witterungsbedingungen nicht mehr im ursprünglichen Maße gewachsen sind, so daß auch hier Einschränkungen in der artgerechten Haltung möglich sein können.

Zudem werden heutzutage Pferde in Breitengraden gehalten, die sich nicht in diesen Klimazonen entwickelt haben und deshalb die dort vorherrschende Witterung nicht immer gut vertragen.

Das Arabische Vollblut beispielsweise ist an das Klima in Wüstengebieten angepaßt. Es kann sehr große Temperaturunterschiede ohne Probleme verkraften, denn in der Wüste ist es während des Tages extrem heiß, aber in der Nacht auch sehr kalt. Trotzdem kann das europäische Klima den hochblütigen Pferden zu schaffen machen, vor allem vertragen sie die naßkalten Winter nicht besonders. Araber lieben die Offenstallhaltung, aber nur so lange sie trockene Plätze aufsuchen können. Deshalb ist bei diesen Pferden ganz besonders auf eine trockene Einstreu und einen vor Nässe

4. Die Praxis

geschützten Unterstand zu achten. Es kann in extremen Wintern auch vorkommen, daß man die Pferde in der Nacht zusätzlich mit einer Decke ausrüsten muß.

Das Islandpferd hingegen – vormals als das ideale Robustpferd hingestellt – hat häufig in den warmen Sommermonaten Probleme. Auch im Sommer tragen sie ein relativ dichtes Fell, durch das sie an heißen Tagen schnell ins Schwitzen kommen. Dann sinkt auch die Leistungsbereitschaft der Tiere enorm ab, mitunter können Isländer dann Probleme mit dem Kreislauf bekommen. Dagegen hilft nur kräftiges Ausbürsten des Winterfells im Frühjahr, ein luftiger (aber zugfreier), kühler Unterstand sowie ein schattiger Auslauf.

Ein Nord- oder Osthang am Rande eines Waldes wäre für den von Isländern bewohnten Offenstall ideal. Im Winter fühlen sich die nordischen Ponys aber pudelwohl und strotzen nur so vor Tatendrang.

Trotzdem ist auch hier beim Reiten darauf zu achten, daß die Pferde nicht zu sehr schwitzen, denn ein nasses Pferd in der Kälte ist immer ein großes Gesundheitsrisiko, egal wie »robust« die Tiere sind.

Bei der Zusammensetzung der Pferde für eine Offenstallgruppe gibt es mit Ponyrassen in der Regel kaum Probleme.

Der größere Individualabstand vieler Großpferderassen dagegen macht diese auf kleinerem Raum unverträglicher, die Gruppen sind deshalb kleiner zu halten und auf eine passende Konstellation zu achten.

Dies ist nicht immer einfach, zumal sich die Auswahl der Tiere nicht auf deren Verträglichkeit untereinander bezieht, sondern vordergründig auf Leistungsfähigkeit und entsprechende Eignung für bestimmte Nutzungszwecke.

Örtliche Begebenheiten

Selten ist der notwendige Platz für eine funktionierende Offenstallanlage vorhanden. Die Pensionspferdebetriebe, aber auch die Landwirte, die sich mit der Pferdehaltung entweder ein Zubrot verdienen oder sogar ganz auf einen Pferdebetrieb umgestellt haben, sind bislang keineswegs dem Trend zu einer artgerechteren Pferdehaltung gefolgt. Der Mehraufwand an Arbeit sowie diverse bereits oben angesprochene Probleme sind neben der mancherorts auch traditionellen Verbundenheit mit die Gründe dafür, daß man sich lieber der einfacheren – aber unnatürlicheren – Boxenhaltung zuwendet. Leider ist es auch vielen Reitern wichtiger, daß am Stall eine Halle vorhanden ist als ein abwechslungsreicher Auslauf.

Die Bereitschaft bei den Landwirten, entsprechende Grundstücke und Scheunen, die ohne viel Aufwand zu Offenställen umfunktioniert werden können, an Pferdehalter zu verpachten, ist sehr gering. Und nicht zuletzt machen die Baubehörden den Pferdebesitzern bei der Erfüllung ihres Traums, eine artgerechte Pferdehaltung zu praktizieren, einen Strich durch die Rechnung.

Schließlich sind die örtlichen Gegebenheiten für die Offenstallhaltung nur selten ideal. Da der Stall zumindest in der Nähe des eigenen Wohnortes liegen sollte, damit die Versorgung der Tiere nicht mit einer zu großen Last durch lange Anfahrten verbunden ist, bleibt dem Pferdebesitzer keine große Auswahl.

Stadtmenschen haben es besonders schwer, denn sie müssen häufig schon einige Kilometer Fahrt in Kauf nehmen, damit sie überhaupt erst einmal aus der Stadt herauskommen, in der an eine artgerechte Pferdehaltung nicht zu denken ist.

4. Die Praxis

Findet man in der Umgebung eine Möglichkeit für Unterstand und Auslauf, hat man sicher nicht die große Wahl des Standorts. Liegt der angebotene Platz in der Nähe eines größeren Flusses, muß man mit verstärkter Nebelbildung im Herbst und Winter rechnen. Dies ergibt eine sehr feuchte Luft, die vielen Pferden zu schaffen macht, weil sie Nässe schlecht vertragen.

Die örtlichen Begebenheiten sind für die Offenstallhaltung nicht immer ideal.

Grenzen stark befahrene Straßen am betreffenden Gebiet an, besteht eine erhebliche Gefahr im Falle, wenn die Tiere einmal ausbrechen sollten. Aber auch auf Ausritten ist man einer erhöhten Unfallgefahr in der Nähe von verkehrsintensiven Straßen ausgesetzt. Das vorhandene Ausreitgelände spielt außerdem eine große Rolle für die Eignung einer Anlage zur Pferdehaltung. Auch wenn es sich überwiegend um einen Zuchtbetrieb handeln sollte, kann sich irgendwann ein Nutzungswandel vollziehen oder der Pferdebestand wechseln.

Ein landwirtschaftlich intensiv genutztes Gebiet erscheint der ersten Betrachtung nach recht

Stark befahrene Straßen in der Nähe von Pferdeweiden stellen eine erhebliche Gefahr dar, wenn die Pferde einmal ausbrechen sollten.

4. Die Praxis

ideal für die Pferdehaltung. Meist sind in einer solchen Gegend auch schon Gebäude (Scheunen, alte Stallungen) vorhanden, die man mit wenig Aufwand zu einem erstklassigen Offenstall umbauen kann. Doch wird man bald feststellen müssen, daß ein ertragreicher Boden den Landwirten einiges Wert ist, und sie für die Pferdehaltung nicht immer viel übrig haben, weil sie durch den Anbau der Felder mehr Gewinn erzielen können als durch Pachteinnahmen von Pferdebesitzern. Obwohl Pferdehalter gute Kunden der Landwirte sind – schließlich kaufen sie vom Bauern das Heu und Stroh für ihre Tiere – sind Pferde nicht immer gern gesehen.

Mißtrauische Landwirte befürchten Flurschäden durch rücksichtslose Reiter, die hemmungslos über ihre Felder galoppieren. Man kann nur hoffen, daß solche Reiter die Ausnahme bleiben.

Viel Verständnis kann man von Landwirten der älteren Generation für seine reitsportliche Begeisterung nicht erwarten, denn für diese Menschen war das Pferd früher lediglich ein Arbeits- und damit Nutztier, das einer aufwendigen Stallanlage sicher nicht wert ist, und diese Einstellung hat sich bei vielen bis heute nicht geändert.

Als Pferdehalter wird man des öfteren mit den verschiedensten Menschen konfrontiert sein – mit Nachbarn, Landwirten oder Waldbauern. Dabei kann es immer wieder zu Konfrontationen kommen, manchmal sogar zu einer vehement ablehnenden Haltung gegenüber den Pferden, die aber meist aus Unwissenheit, manchmal aber auch aus Neid entsteht.

Damit muß man umzugehen lernen und versuchen, mit Geduld und Überzeugungskraft für die artgerechte Haltung mit allem, was dazugehört, zu plädieren.

Man kann sich glücklich schätzen, wenn man in einer waldreichen Gegend einen Offenstall errichten kann. Der Wald ist ein ideales Ausreitgebiet, im Sommer ist es angenehm kühl und im Winter ist man vor eisigem Wind gut geschützt. Dennoch klagen viele Reiter über Konflikte mit Jägern, Waldbauern und -besitzern.

Aufklärende Gespräche untereinander können die Konfrontationen im Rahmen halten, dabei muß man jedoch auch bereit sein, gegenüber anderen Waldbenutzern Rücksicht zu üben.

Das kann bedeuten, daß man in Absprache mit dem Jäger zu bestimmten Zeiten Waldabschnitte meidet, um dem Jäger eine ungestörte Jagd zu ermöglichen. Wie man persönlich der Jagd gegenüber eingestellt ist, muß dabei im Hintergrund stehen.

Gegenseitige Rücksichtnahme gewährleistet auch das eigene, uneingeschränkte Reitvergnügen.

Bei der Lage des Stalls spielen noch weitere Komponenten eine Rolle. Die Anfahrt muß zu jeder Zeit – auch im Winter bei Eis und Schnee – gesichert sein.

Ein Zugang über einen unbefestigten Feldweg kann vor allem im Winter problematisch sein. Überlegen muß man sich außerdem die Vor- und Nachteile von hügeligem Gelände. Ein steiles Gelände kräftigt zwar die Muskulatur der Pferde, erschwert aber die Entmistung der Weiden, und deren Grasnarbe wird bei nassem Wetter außerdem sehr schnell zerstört.

Liegt die Stallanlage im Tal, sammelt sich das Regenwasser im Auslauf, und die Pferde müssen selbst nach längerer Trockenperiode noch immer im Matsch stehen.

Die Wahl des Standortes einer Offenstallanlage muß also wohlüberlegt sein. Alle Vor- und Nachteile müssen gegeneinander abgewogen werden, bevor man sich auf das Abenteuer einläßt.

4. Die Praxis

Der eigene Stall

Der Wunschtraum eines jeden Pferdehalters ist ein eigener Stall, vorausgesetzt man hat Spaß an der Selbstversorgung seiner Tiere und stellt nicht die ausschließlich reiterliche Ambition in den Vordergrund.

Je nach den Voraussetzungen kann man sich seinen Traum mehr oder weniger erfüllen, doch Wege gibt es immer. Wenn es aus örtlichen oder finanziellen Gründen nicht möglich ist, selbst Eigentümer einer Stallanlage zu werden, gibt es immer noch die Möglichkeit einer Pacht oder Miete.

Man muß sich aber von vorneherein im klaren sein, daß die Pferdehaltung im eigenen Stall nicht unbedingt günstiger ist, den Luxus des eigenen Stalls muß man meist sogar sehr teuer bezahlen.

Dafür hat man aber mehr Freiheiten, die Gegebenheiten so einzurichten, daß sie den eigenen Vorstellungen und Wünschen sowie den Anforderungen einer artgerechten Pferdehaltung besser entsprechen.

Der eigene Stall bietet mehr Freiheiten, bedeutet aber auch mehr Arbeit und oft keine finanzielle Ersparnis.

PFERDEHALTUNG IN EIGENREGIE

Eine artgerechte Haltung von Pferden in Eigenregie ist an bestimmte Voraussetzungen geknüpft, die für einen einzelnen Pferdebesitzer nicht so einfach zu erfüllen sind.

Wenn eigene, angepachtete oder gemietete Stallungen sowie Auslauf- und Weideflächen vorhanden sind, ist schon ein großer Schritt getan. Nun muß die Versorgung der Pferde sichergestellt werden.

Im Normalfall will man dies selbst übernehmen, doch muß man dabei bedenken, daß man bei jedem Wetter, zu jeder Jahreszeit und vor allem täglich mindestens zweimal die Tiere zu versorgen hat.

Eine längere Anfahrt oder Zeitmangel können daher schon eine sehr große Belastung darstellen, die auf Dauer womöglich nicht akzeptabel ist.

Man muß sich außerdem die Frage stellen, wer die Pferde versorgen kann, wenn man selbst einmal krank oder anderweitig (zum Beispiel im Urlaub) verhindert ist. Eine fachkundige und zuverlässige Person ist hierfür erforderlich. Da Krankheiten unvermittelt auftreten können, muß der Ersatzpfleger sofort zur Stelle sein, um die Versorgung der Tiere sicherzustellen. Jemanden zu finden, der sich hierfür bereiterklärt, ist für den Pferdebesitzer oft nicht einfach.

Eine pferdegerechte Haltung setzt außerdem voraus, daß man ein Pferd nicht einzeln hält. Als Herdentier fühlt es sich nur in der Gruppe wohl, deshalb ist zumindest ein Zweitpferd erforderlich.

Dabei muß wiederum die Überlegung im Raum stehen, ob zwei Pferde auch entsprechend gearbeitet werden können, vor allem auch im Hinblick auf den nunmal bestehenden Zeitauf-

4. Die Praxis

wand durch die Versorgung. Obwohl artgerecht gehaltene Pferde mit genügend Auslauf nicht unbedingt täglich unter dem Sattel bewegt werden müssen, brauchen die Tiere dennoch eine Aufgabe. Sie müssen auf jeden Fall beschäftigt werden, damit sie geistig und körperlich beweglich bleiben und Langeweile erst gar nicht aufkommt. Schließlich gilt es zu bedenken, daß zwei Pferde stets die doppelten Kosten an Futter, Schmied und Tierarzt verursachen.

Wenn man sich mit all diesen Punkten einverstanden erklären kann und trotz der Schwierigkeiten immer noch die Haltung in Eigenregie anstrebt, darf man sich nun auch über die positiven Aspekte freuen.

Man kann die Futterzeiten nach eigenem Ermessen festlegen, wobei die Fütterung dennoch möglichst immer zur selben Stunde erfolgen soll.

Trotzdem kann man die Pferdehaltung besser in seinen eigenen Lebensrhythmus einfügen, muß keine in manchen Ställen vorgeschriebenen Fütterungszeiten oder Stallruhe akzeptieren, ist in der Auswahl der Futtermittel in keinster Weise eingeschränkt und muß keine Stallgasse kehren, wenn einem dies (zum Beispiel zwecks aufwirbelndem Staub) zuwider ist.

Die Pferdehaltung in Eigenregie mit den damit anfallenden Arbeiten ist sehr zeitaufwendig.

4. DIE PRAXIS

Man kann besser auf die individuellen Bedürfnisse des einzelnen Pferdes eingehen und muß sich keiner »Mehrheit« unterordnen.

Fremde Leute kann man außerdem besser von den eigenen Pferden abschirmen.

Es kann manchmal ein nicht zu unterschätzendes Problem sein, wenn beispielsweise fremde Stallbesucher dem Pferd Leckereien zustecken, die ihm womöglich schaden.

STALL- MANAGEMENT

Die Eigenregiehaltung von Pferden setzt ein gutes Organisationstalent voraus, denn um die Bedürfnisse der Pferde zufriedenstellen zu können, muß einiges arrangiert werden – von der regelmäßigen Futtermittelbeschaffung über die Mistentsorgung bis hin zur fachgerechten Weidezaunreparatur.

Sich hierfür einige Gerätschaften anzuschaffen, kommt man oftmals nicht herum. So ist ein eigener Pferdeanhänger fast unentbehrlich, denn damit lassen sich nicht nur die Pferde transportieren (möglicherweise aufs Turnier oder bei Bedarf in die Klinik), sondern man kann damit auch Heu und Stroh befördern. Hierfür muß der Anhänger allerdings versicherungspflichtig zugelassen werden (schwarzes Nummernschild).

Pferdeanhänger mit grünem Nummernschild dürfen dagegen ausschließlich für den Transport von Pferden verwendet werden.

Ein Traktor kann für die Weidepflege (Abschleppen, Gras mähen und so weiter) oder die eigene Mistentsorgung hilfreich sein. Bleibt es jedoch bei zwei Pferden, und hält sich die Größe der Weide in Grenzen, kann man auf den Traktor eventuell auch verzichten.

Je kleiner der Pferdebestand ist, desto weniger Mist fällt an und desto weniger Futter wird benötigt. Weil die meisten Landwirte auf Kunstdünger umgestellt haben, besteht oftmals kein Interesse mehr daran, den Pferdemist zu verwerten. Viele Pferdebesitzer bleiben deshalb sozusagen auf ihrem Misthaufen sitzen. Bei zwei Pferden fällt nicht sehr viel Mist an. Deshalb bietet sich an, sich nach einigen Hobbygärtnern umzusehen, die den Mist für ihre Beete verwenden können. So mancher stolze Gartenbesitzer ist froh um ein paar Schubkarren guten Pferdemist, weiß er doch, daß mit diesem natürlichen Dünger seine Tomaten und Rosen besonders gut wachsen!

Bei einer größeren Menge Mist ist man aber auf einen Landwirt angewiesen, der den Mist abholt und auf seinen Feldern ausbringt.

Die Futterbeschaffung kann ebenfalls zum Problem werden, wenn man keine Gerätschaften besitzt, um große Rundballen von Heu oder Stroh zu transportieren. Dann ist man darauf angewiesen, auf kleine Bündel auszuweichen, die jedoch immer seltener angeboten werden.

Beim Heukauf sollte man in jedem Fall kleine Bündel bevorzugen, weil man Rundballen zur Überprüfung der Qualität nicht aufschneiden kann.

Große Rundballen werden außerdem häufiger von Schimmelpilzen befallen, weil das Heu nicht so gut austrocknen kann als bei hochdruckgepreßten Kleinbündeln. Je nach Situation ist es vielleicht auch möglich, selbst Heu für den Winter zu machen, wenn genügend Wiesen vorhanden sind. Hierzu benötigt man aber wiederum einen Traktor mit Schneidevorrichtung, Heuwender und Heupresse.

Dies zieht außerdem nach sich, daß für die Unterbringung der Gerätschaften ein entsprechender Platz vorhanden sein muß. In vielen Fällen ist es darum sinnvoller, das Heu und Stroh beim Landwirt zu kaufen, zumal

4. Die Praxis

Um die natürlichen Bedürfnisse der Pferde zufriedenzustellen, muß einiges arrangiert werden.

die eigene Heugewinnung natürlich auch wieder mit Arbeit und Zeitaufwand verbunden ist. Ist man darauf angewiesen, Heu und Stroh beim Landwirt zu kaufen, sollte man bestrebt sein, einen Bauern zu finden, der einen regelmäßig beliefert. Eine derartige Kooperation hilft beiden weiter, weil für den Pferdebesitzer die Futterbeschaffung sichergestellt ist, und der Landwirt eine regelmäßige Geldquelle einplanen kann.

Pferdehalter, die ihre Tiere in Eigenregie halten, müssen Allroundtalente sein.

Die Pferdehaltung in Eigenregie stellt auch gewisse handwerkliche Anforderungen an den Pferdebesitzer. Es muß ihm möglich sein, Reparaturen am Stallgebäude oder am Weidezaun auszuführen.

Immer wieder müssen am Zaun Holzstangen ersetzt werden, wenn diese morsch geworden sind, oder die Pferde sie durchgenagt haben. Bretter können sich im Laufe der Zeit von der Wand des Unterstands lösen,

4. Die Praxis

bedingt durch Witterungseinflüsse oder weil die Pferde ausgekeilt haben. Schließlich kann es auch passieren, daß ein Torriegel seine Dienste nicht mehr tun will, ein Pfosten locker wird oder ein angeschraubter Futtertrog von den Pferden abgerissen wird.

Nicht zuletzt sollte der Pferdebesitzer auch die Impf- und Entwurmungstermine im Griff haben – ein im Stall aufgehängter Plan ist hier sehr praktisch. Darauf sollten auch die Telefonnummern von Schmied und Tierarzt vermerkt sein, was im Notfall sehr nützlich sein kann.

Will man Pferde in Eigenregie halten, muß man ein Allround-Talent sein:

Man ist Handwerker, Pferdepfleger, Landwirt und Manager in einer Person.

Haltergemeinschaften

Man muß sich im klaren darüber sein, daß die eigene Pferdehaltung eine sehr hohe Belastung darstellen kann, und viele Pferdebesitzer klagen nach kurzer Zeit darüber, daß sie zum Reiten gar keine Zeit und aufgrund der großen Arbeitsbelastung auch oftmals keine Lust mehr haben. Damit einem die Freude an Pferden aufgrund der enormen Arbeitsbelastung nicht ganz vermiest wird, sind Kompromisse oftmals eine sehr gute Lösung.

Ein solcher Kompromiß kann eine Haltergemeinschaft sein. Dabei kann man sich die anfallenden Arbeiten mit einem oder mehreren Partnern teilen, muß jedoch in seiner Freiheit nur wenige Abstriche machen. Für die Pferde bedeutet eine Haltergemeinschaft möglicherweise ein noch angenehmeres Leben, wenn sich der Pferdebestand von vielleicht zwei auf vier Pferde erhöht. Voraussetzung für eine Haltergemeinschaft ist aber in erster Linie genügend Platz, damit noch ein oder zwei Fremdpferde in den Stall mit einziehen können.

Wie findet man den richtigen Partner?

Bei Gründung einer Haltergemeinschaft müssen nicht nur die Pferde, sondern auch die Pferdebesitzer zusammenpassen. Die Einstellung der Besitzer zur Pferdehaltung sollte sich annähernd gleichen, damit man Konflikte von vornherein einschränken kann.

Wenn man eine Haltergemeinschaft aus Faulheit (weil man einen Teil der Arbeit auf andere abschieben will) gründen will, kann man sich diesen Gedanken gleich wieder aus dem Kopf schlagen, denn eine Haltergemeinschaft reduziert nicht etwa die Arbeit (mehr Pferde bedeuten auch einen größeren Arbeitsaufwand), sondern schichtet sie nur um. Das kann in sinnvoller Weise so aussehen, daß einer die morgendliche Fütterung übernimmt, und der Partner am Abend die Tiere versorgt.

Damit ersparen sich beide Pferdebesitzer eine zweimalige Anfahrt am Tag – nicht aber die

Stallarbeit selbst. Es ist so ziemlich egal, ob man zweimal zwei Pferde füttert und mistet oder einmal vier Pferde. Durch Komprimierung der Arbeit kann man aber seine Freizeit individueller gestalten.

Man darf niemals erwarten, von der Arbeitskraft seines Partners zu profitieren, sondern muß sich im klaren darüber sein, daß man immer nur aus der Situation an sich einen Nutzen ziehen kann.

Wenn beide Partner sich darüber einig sind, daß sie die Haltergemeinschaft vorrangig deshalb eingehen wollen, um den anderen zu unterstützen und nicht um eigenen Nutzen daraus zu ziehen (der sich dann

Bei einer funktionierenden Haltergemeinschaft machen auch die gemeinsamen Ausritte Spaß.

Einfacher zu lösen ist auch das Problem der Pferdeversorgung bei Krankheit oder Urlaub. Hier kann man sich dann gegenseitig vertreten. Wichtig ist aber, daß die Abstimmung untereinander funktioniert. Dies ist nur möglich, wenn einer den anderen nicht ausnutzen will.

Trotz Haltergemeinschaft bleibt letztendlich jeder für seine Tiere selbst verantwortlich.

Bei einer Haltergemeinschaft kann man durch Komprimierung der Arbeit die Freizeit individueller gestalten.

aber sowieso automatisch einstellt), kann die Gemeinschaft funktionieren.

Neben den Pferdebesitzern müssen aber auch die Pferde zueinander passen. Die Größe sollte in etwa übereinstimmen, und ideal wäre es, wenn es sich um Tiere gleicher Rasse handelt.

4. DIE PRAXIS

Dies bringt deshalb Vorteile, weil die Pferde dann in der Regel verträglicher sind und in etwa gleich viel Futter benötigen. Die Tiere müssen während der Fütterungszeiten nicht getrennt werden, was aber beispielsweise notwendig wäre, wenn ein Shetlandpony mit einem Großpferd zusammenlebt. Das Pony würde sich bei gemeinsamer Fütterung sicherlich fett fressen, weil aufgrund der Vorlage von größeren Portionen für das Großpferd auch das Shett mehr als ihm zusteht fressen würde. Praktisch ist es außerdem, wenn die Pferdebesitzer auch reiterlich dieselben Interessen haben. Gemeinsame Ausritte und Unternehmungen fördern den Spaß an der Pferdehaltung in jedem Fall. Bei gleichen reiterlichen Interessen kommt es auch seltener zu Meinungsverschiedenheiten, mit denen man immer rechnen muß, wenn mehr als eine Person an einer Sache beteiligt ist.

DIE HÄUFIGSTEN PROBLEME

Sehr oft schlägt die anfängliche Euphorie von der Idee einer gemeinsamen Pferdehaltung schnell in tristen Alltag um. Und bald tauchen dabei auch schon die ersten Probleme auf.
Möglicherweise verschläft das zum Füttern und Misten eingeteilte Mitglied einer Haltergemeinschaft und füttert deshalb nicht zur gegebenen Zeit.
Häufiger gibt es aber Querelen darüber, daß es ein Pferdebesitzer mit dem Misten nicht so genau nimmt und die Pferdeäpfel nur oberflächlich wegräumt.
Fast immer gibt es Streitereien darüber, daß die Arbeit nicht gerecht verteilt ist oder daß sich einige vor anstehenden Ausbesserungsarbeiten drücken wollen und am verabredeten gemeinsamen Arbeitssamstag lieber faul in der Sonne liegen oder einer anderen Freizeitbeschäftigung nachgehen wollen.
Genausogut kann es zu einer Auseinandersetzung unter den Pferdebesitzern kommen, wenn sich bei einer Keilerei unter den Pferden ein Tier verletzt.
In erster Linie sind es unvorhergesehene Ereignisse, die zu Konflikten führen. Solche Situationen sind im Regelfall nicht berücksichtigt worden, eben weil sie nicht vorhersehbar waren.
In vielen Fällen häufen sich über Monate oder sogar Jahre hinweg Kleinigkeiten an, über die man sich ärgert, daß irgendwann plötzlich das Faß überläuft.
Dann entsteht ein handfester Streit aufgrund einer vermeintlichen Lappalie.
Probleme und Meinungsverschiedenheiten wird es immer geben, doch je mehr Eventualitäten man anfangs berücksichtigt und miteinander abspricht, desto kleiner bleiben die Schwierigkeiten.
In jedem Fall ist es sinnvoll, eine schriftliche Abmachung aufzusetzen, in der möglichst viele eventuell sich ergebende Fallbeispiele geregelt sind.

4. Die Praxis

Der Vertrag

Einen schriftlichen Vertrag darf man nicht als Absicherung seinem Partner gegenüber bewerten, weil man diesem vielleicht nicht trauen könnte, sondern muß ihn als Festlegung gemeinsamer Regelungen sehen, damit alle ihre Rechte und Pflichten kennen.

Eine Gemeinschaft muß sich bestimmten Regeln unterwerfen, will sie funktionieren.

Eine Haltergemeinschaft muß sich bestimmten Regeln unterwerfen, wenn sie funktionieren soll.

Im Vertrag sollten die Verteilung aller Arbeiten festgelegt, die finanziellen Punkte sowie unvorhersehbare Eventualitäten klar geregelt sein. So muß aus dem Vertrag eindeutig hervorgehen, wer wann zu misten und zu füttern hat und wie man die unregelmäßig anfallenden Arbeiten (Reparaturen) erledigen will.

Bei der Futtermittelbeschaffung und -finanzierung muß abgesprochen werden, welches Pferd im Durchschnitt wieviel frißt, und auch was es zu fressen bekommen soll.

Genauso darf aber nicht unberücksichtigt bleiben, ob beispielsweise die Verabreichung von Medikamenten, die mit einem Mehraufwand möglicherweise unters Futter gemischt oder sogar gesondert aufbereitet werden müssen, von den anderen Pferdebesitzern mit übernommen werden muß.

Genauso muß geregelt werden, ob die anderen Mitglieder der Haltergemeinschaft sich an Reparaturarbeiten beteiligen müssen, auch wenn es nachweislich nicht ihre Pferde waren, die beispielsweise den Zaun zertrümmert haben. Dabei muß nämlich auch damit gerechnet werden, daß es möglicherweise immer dasselbe Pferd ist, welches die Zäune nicht akzeptieren will.

Wie ein solcher Vertrag in seinen Einzelheiten aussehen soll, hängt von den jeweiligen Umständen ab.

Je detaillierter der Vertrag aufgesetzt ist, desto leichter kann man Konflikte vermeiden.

Wenn die gemeinsame Haltung von Pferden gut durchorganisiert ist, kann sie eine ideale Haltungsform gleichermaßen für das Wohl der Tiere sowie für die Erwartungen der Pferdebesitzer sein.

Pensions-pferdehaltung

Mindestens die Hälfte aller Pferde wird nicht in Eigenregie gehalten, sondern ist in Pensionsställen untergebracht. Bei den Besitzern von Pensionspferden ist die Unabhängigkeit oftmals der entscheidende Auslöser, wenn sie diese Art der Unterbringung für ihre vierbeinigen Lieblinge wählen.

Bei Urlaub oder Krankheit ist die Versorgung durch das Stallpersonal gewährleistet. Die Pferdebesitzer müssen sich nicht um Futterbeschaffung oder Reparaturen an Stall und Auslauf kümmern, sondern können sich ganz auf ihre reitsportliche Ambition konzentrieren.

4. Die Praxis

Wenn schon Boxen, dann zumindest Außenboxen, die den Pferden frische Luft und Kontakt nach draußen gewährleisten.

In manchen Ställen kümmert sich das Personal nicht nur um das Füttern und Misten, sondern sorgt auch für regelmäßige Wurmkuren und Impfungen der Pferde.

Sogar der Hufschmied kommt unaufgefordert alle acht Wochen in den Stall und beschlägt die Pferde neu – ohne zwingendes Beisein des Besitzers. Dieser bekommt nur noch die Rechnung zu sehen.

Eine solche Pensionspferdehaltung gewährleistet einen reibungslosen Ablauf, weil die Pferdebesitzer häufig keine Ambitionen haben, etwas an der Haltungsform zu ändern, solange die Pferde (möglicherweise auch schon geputzt) zum Reiten zur Verfügung stehen und es in der Reithalle nicht zieht.

ARTGERECHTE GESTALTUNG

Durch die Einstellung und Erwartungshaltung vieler Pferdebesitzer, die ihre Tiere in Pensionsställen untergebracht haben, wird die Haltung fast immer auf die Verfügbarkeit der Pferde sowie die Arbeits- und Zeitersparnis bei der Versorgung abgestimmt. Halter und Pferdebesitzer sind zufrieden, auch wenn sich die Reiter möglicherweise mit Krankheiten (dafür ist ja der Tierarzt zuständig) und Untugenden ihrer Vier-

4. Die Praxis

beiner herumschlagen müssen. Man kennt es nicht anders.

Darum ist es auch sehr schwer, an der immer noch üblichen Boxenhaltung in warmen Ställen etwas zu ändern. Nur wenn sich mehrere Pferdebesitzer zusammenschließen, können sie gemeinsam Verbesserungsvorschläge unterbreiten und auch durchziehen.

Manchmal können schon durch einige wenige Handgriffe bessere Haltungsbedingungen für die Pferde geschaffen werden. Oft ist es möglich, entlang einer Seite des Stalls die Fenster auszuhängen, damit der Stall mit frischer Luft versorgt wird. Je nach Höhe und Lage der Fenster können die Tiere vielleicht sogar ihre Köpfe nach draußen stecken und sich die Umgebung ansehen. Damit ist es den Pferden schon nicht mehr so langweilig.

Günstig ist es außerdem, wenn die häufig als obligatorisch angesehene Vergitterung der Boxen entfernt werden kann, weil die Boxennachbarn dann einen besseren Sozialkontakt pflegen können. Eine noch bessere Lösung ist es, wenn die Pferde zumindest tagsüber gemeinsam in einem größeren Auslauf leben können oder auf die Weide dürfen. Praktisch, aber mit baulichem Aufwand verbunden, ist der Einbau einer teilbaren Türe in der rückwärtigen Boxenwand, die zu einem angeschlossenen kleinen Paddock führt. So kann jeder Pferdebesitzer sein Tier nach Belieben in den eigenen Auslauf entlassen oder die Türe verschließen, um es in der Box zu belassen.

Auswahl des richtigen Pensionsstalls

Die Möglichkeit der individuellen Pferdehaltung ist für einen Pensionsstallbetreiber sehr wichtig, damit jedem Pferdebesitzer die Haltung seines Vierbeiners nach eigenen Vorstellungen möglich ist.

Dennoch muß man als Pferdebesitzer Kompromisse eingehen, wenn man sein Pferd in einem Fremdstall unterstellen will, denn alle Wünsche jedes einzelnen können in einem größeren Betrieb nie berücksichtigt werden. Der Stallbesitzer sollte die Tendenz zur artgerechten Haltung im Auge behalten, und sich für das Wohl der Tiere verantwortlich fühlen. Ist dies nicht der Fall, ist es ratsam, seinen vierbeinigen Freund nicht in einen solchen Pensionsstall zu geben, weil der Stallbesitzer dann häufig nur um seinen Profit, aber nicht um das Wohlergehen der Pferde bemüht ist.

Auch in einem Pensionsstall sollte die artgerechte Haltung im Vordergrund stehen.

Die möglichst artgerechte Unterbringung des Pferdes muß bei der Auswahl des richtigen Pensionsstalls im Vordergrund stehen. Sicherlich wird man den Stall auch danach auswählen, ob eine Halle oder ein Reitplatz vorhanden und wie das Ausreitgelände beschaffen ist.

Dennoch sollte man sich von einem noch so schön am Waldrand gelegenen Betrieb nicht blenden lassen, wenn die Pferde dafür im muffigen Stall stehen müssen. Man muß schließlich bedenken, daß das Pferd den größten Teil eines Tages in der Box stehen muß und vielleicht nur für eine Reitstunde am Tag die frische Luft und Stille des Waldes genießen kann.

Deshalb müssen die möglichst artgerechten Haltungsbedingungen den reitsportlichen Aspekten vorgezogen werden.

Ideale Unterbringungsmöglichkeiten werden Pensionsställe kaum zu bieten haben, wenn viele Pferdebesitzer ihre Tiere

4. Die Praxis

Der Stallbau

Eben weil man bei der Pensionspferdehaltung fast immer Kompromisse eingehen muß, die sich auch manchmal als nicht tragbar erweisen (zum Beispiel wenn das eigene Pferd lungengeschädigt ist und dringend draußen gehalten werden sollte), träumen viele Pferdefreunde vom eigenen Stall. Dabei muß die Versorgung der Pferde nicht unbedingt dem Besitzer obliegen, er kann auch einen Pferdepfleger hierfür anstellen oder gegen Mithilfe im Stall Ausritte anbieten. Gerade pferdebegeisterte Jungen und Mädchen suchen auf diese Weise oftmals eine Reitgelegenheit.

unterstellen. Je größer die Anzahl der Pferdebesitzer, desto mehr Meinungen und Anschauungen über die Haltung des eigenen Pferdes werden vertreten. Konflikte sind dabei vor allem dann vorprogrammiert, wenn die Pferde zusammen auf die Weide oder in einen Auslauf dürfen, wobei es immer einmal vorkommen kann, daß es zu einer Auseinandersetzung kommt, bei der sich möglicherweise ein Tier verletzt. Deshalb sehen die meisten Pferdebesitzer ihre Vierbeiner lieber in sicheren Boxen verwahrt, vor allem, wenn es sich bei den Tieren um teure Turnierpferde handelt.

Selbstverständlich ist auch jedem Freizeitreiter sein eigenes Pferd lieb und teuer, so daß diese Einstellung nicht nur bei den Turnierreitern vorherrscht.

Vertragen sich jedoch zwei Pferdebesitzer recht gut, sind sie eher dazu geneigt, ihre Pferde auch gemeinsam in einem Auslauf unterzubringen. Logisch ist es aber nicht, daß man nur im Falle einer guten Verständigung mit einem anderen Pferdebesitzer dazu bereit ist, denn sollten sich zwei Pferdebesitzer nicht gut gesonnen sein, heißt das noch lange nicht, daß die Pferde dieser beiden ebenfalls nicht gut miteinander auskommen. Die meisten Pferde vertragen sich nämlich sehr gut.

UMBAU UND NEUBAU

Kein Stallbau kann immer nach einem gleichen Schema vollzogen werden, weil jeder andere Voraussetzungen hat.

Entscheidend ist dabei der zur Verfügung stehende Platz, aber auch die Lage und ganz besonders, ob bereits Gebäude vorhanden sind.

Mit einem Umbau eines vorhandenen Gebäudes kommt man in der Regel viel günstiger weg als mit einem grundlegenden Neubau. Wird ein vorhandenes Gebäude umgestaltet, muß man sich aber den existenten Gegebenheiten anpassen, was wiederum bedeuten kann, daß man zu Kompromissen gezwungen ist. Dabei kann man in der Regel an der Größe eines Gebäudes nichts mehr ändern, es sei denn, man hat die Möglichkeit anzubauen.

Dennoch ist die Umgestaltung eines Altgebäudes sehr zu empfehlen, weil man sich viel Arbeit und Kosten sparen kann.

Ideal für den Umbau zu einem Pferdestall sind alte Scheunen, die groß genug sind, um Heu und Stroh zu lagern, die aber auch den Pferden Unterschlupf bieten. Fast immer sind Scheunen von beiden Seiten aus mit Toren versehen, so daß man schon die Auswahl hat, von

4. Die Praxis

welcher Seite man die Scheune betreten will beziehungsweise welche Seite günstiger ist, um diese für einen artgerechten Offenstall unverschlossen zu lassen. Meist sind Scheunen auch genügend hoch, daß die Stallungen selbst bei geschlossenen Toren nicht muffig werden.

Eingezogene Zwischenböden ermöglichen außerdem das Lagern des Rauhfutters über dem Unterstand beziehungsweise den Pferdeboxen.

Häufig werden auch ehemalige Kuh- und Schweineställe zu Pferdebehausungen umfunktioniert. Leider aber sind diese Gebäude in der Regel zu niedrig, um eine ausreichende Frischluftversorgung zu gewährleisten.

Obwohl die Stallungen oft massiv gemauert sind und auch häufig schon ein Wasseranschluß vorhanden ist, muß man bei fehlender Höhe bei derartigen Gebäuden auf die Pferdehaltung verzichten. Möglich ist in solchen Gebäuden dagegen die Lagerung des Kraft- und Mineralfutters, die Aufbewahrung der Stallapotheke sowie des Sattelzeugs. Lediglich für Shetlandponys mag die Höhe von Schweineställen ausreichend sein, wobei man berücksichtigen sollte, daß das Stallklima bei gemauerten Stallungen oft kalt und feucht ist.

Die Plastikstreifen schützen im Unterstand vor extremen Witterungsverhältnissen, doch der gemauerte Stall ergibt ein feuchtkaltes Stallklima.

4. Die Praxis

Auch Garagen und sonstige Nebengebäude werden immer öfter für die Pferdeunterbringung genutzt. Aber auch hier ist in den meisten Fällen die Höhe nicht ausreichend. Viel zu selten wird einer entsprechenden Höhe genügend Bedeutung beigemessen – nur auf eine großzügige Quadratmeterfläche zu achten, genügt nicht.

Sind die vorhandenen Gegebenheiten nicht zufriedenstellend, muß an einen Neubau gedacht werden. Dieser kann vielleicht sogar unmittelbar an ein Altgebäude angeschlossen werden, das möglicherweise zur Futteraufbewahrung oder als Sattelkammer dient.

Wenn man den Neubau direkt ans Altgebäude ankoppeln kann, lassen sich Baukosten einsparen.

Die Größe und Art des Neubaus wird sich immer nach den Gegebenheiten richten müssen. Wieviel Platz steht insgesamt zur Verfügung und wieviele Pferde sollen den neuen Stall bewohnen? Will man einen Offenstall errichten oder soll auch die Möglichkeit der Boxenhaltung vorhanden sein?

Wie kann man die Pferde am besten mit Wasser versorgen und auf welche Weise soll das Kraft- und Rauhfutter angeboten werden? Alles Fragen, die vor dem Neubau geklärt wer-

Eine derartige Unterbringung in einer umgebauten Garage ist keine Alternative. Das Pferd steht alleine, die »Box« ist zu dunkel und vor allem zu niedrig. Auch der Auslauf fehlt.

4. Die Praxis

Die Größe und Ausführung der selbstgebauten Stallanlage hängt immer auch von den örtlichen Begebenheiten ab.

4. Die Praxis

den müssen. Wird ein Stallbau nicht genügend durchdacht, kann es sich mit erhöhtem Arbeitsaufwand, ständigen Reparaturen oder auch mit Reibereien unter den Pferden rächen. Deshalb muß vorher schon jede Einzelheit geklärt sein, damit die Pferdehaltung später auch Spaß macht, und man sich nicht mit ungeschickten Lösungen herumärgern muß.

Ein Stallneubau muß gut durchdacht werden.

Empfehlenswert ist auf alle Fälle, daß man sich Ideen und Lösungsmöglichkeiten von anderen Stallbesitzern holt, um nicht erst aus Erfahrung klug werden zu müssen. So kann einem ein Pferdehalter dazu raten, einen Neubau aus Holz mit einem Beißschutz an den Kanten zu versehen, damit die Pferde nicht auf die Idee kommen, irgendwann den ganzen Stall anzunagen.

Dies würde die Bausubstanz schwächen (besonders an tragenden Pfosten) aber auch optisch keinen schönen Anblick bieten.

Rechtliche Vorschriften

Obwohl man auch bei einer Nutzungsänderung von Altbauten die rechtlichen Vorschriften berücksichtigen muß, wird man bei einem Neubau grundsätzlich damit konfrontiert.

Es ist leider nicht möglich, alle Vorschriften und Auflagen aufzuzählen, weil die Bauordnung in jedem Bundesland unterschiedlich ist. Jeder Pferdehalter muß sich deshalb vor jedem An- oder Neubau genauestens über die Vorschriften für das betreffende Gebiet erkundigen, ob ein Stallbau überhaupt zulässig und mit welchen Auflagen er verbunden ist.

Zunächst sollte man Erkundigungen einholen, als welches Gebiet das betreffende Grundstück im Bebauungsplan ausgewiesen ist. Handelt es sich um ein Stadtgebiet, wird man sich den Bau eines Pferdestalls von vornherein aus dem Kopf schlagen müssen. Aber auch im ländlichen Dorf können sogenannte reine Wohngebiete ausgewiesen sein, auf denen Stallbauten nicht genehmigungsfähig sind. Möglichkeiten bestehen in der Regel nur in Mischgebieten oder im Außenbereich.

In Mischgebieten können beispielsweise sowohl Wohngebäude als auch Fabriken stehen. Die Genehmigung eines Pferdestalls hängt aber von mehreren

Ein auf diese Weise eingebrachter Holzboden im Unterstand ist ein hervorragender Untergrund, weil er warm und rutschfest ist.

Faktoren ab, und vieles ist dabei Ermessenssache.

Im Außenbereich bekommt ein »Normalsterblicher« keine Baugenehmigung, weder für ein Wohnhaus noch für einen Pferdestall, weil man eine Zersiedelung der Landschaft vermeiden will. Lediglich bestimmten privilegierten Personengruppen, zu denen hauptsächlich die Landwirte gehören, können Bauanträge für Gebäude im Außenbereich genehmigt werden.

Kleinere Bauvorhaben können nach der jeweiligen Bauordnung auch genehmigungsfrei sein.

Dabei sind beispielsweise nach der bayerischen Bauordnung im Innenbereich Gebäude mit einem umbauten Raum von 50 m^3 oder 21 qm Grundfläche genehmigungsfrei. In Außenbereichen dürfen privilegierte Landwirte sogar Gebäude (zur vorübergehenden Unterbringung von Tieren) bis zu 70 qm Grundfläche errichten.

Pachtet man sich aber ein vorhandenes Gebäude, darf man im Außenbereich keineswegs so ohne weiteres einen Zaun errichten. Oftmals sind nur transportable Zäune (zum Beispiel Elektrozäune) genehmigungsfrei, die nicht auf Dauer errichtet werden.

Da die Vorschriften recht kompliziert sind, und beim Bau zusätzlich gesonderte Anordnungen wie Mindestabstandsflächen berücksichtigt werden müssen, ist es ratsam, sich an einen Fachmann (Architekt) zu wenden, der einem genau erläutern kann, was im speziellen Fall möglich ist.

ALTERNATIVE LÖSUNGSMÖGLICHKEITEN

Vor allem ein Fachmann, der sich mit den Bauvorschriften sehr gut auskennt, kann einem so manches Hintertürchen nennen, wie man trotz der stark eingegrenzten Möglichkeiten an einen eigenen Stall kommen kann.

Die Bauordnungen sind leider nicht darauf ausgelegt, dem Freizeitreiter-Boom zu folgen, so daß es sehr schwierig ist, als freizeitmäßiger Pferdehalter Baugenehmigungen zu bekommen.

Da der Landwirt die Privilegien hat, die man als Pferdehalter gut gebrauchen kann, ist eine Kooperation mit einem Landwirt eine überlegenswerte Sache. Wichtig ist dabei, daß bei einem geplanten Stallbau im Außenbereich der Landwirt als Grundbesitzer als Bauherr auftritt, damit der Plan genehmigt werden kann.

Es bietet sich an, in Absprache mit dem Landwirt das Grundstück samt erstellter Stallungen anzupachten, wobei natürlich auch (durch schriftlichen Vertrag) geklärt werden muß, wer die Baukosten trägt und wie lange der Pachtvertrag laufen soll. Schließlich will sowohl der Landwirt als auch der Pferdehalter aus dieser Sache Nutzen ziehen.

Wenn diese Lösung nicht möglich ist und auf einer angepachteten Weide keine Stallungen vorhanden sind, kann man auf sogenannte fahrbare Weideschutzhütten ausweichen, die man im Regelfall genehmigungsfrei abstellen darf. Weil diese Weidehütten, die mittlerweile von mehreren Firmen angeboten werden, transportabel und nicht feststehend sind, unterliegen sie normalerweise keiner Genehmigungspflicht.

Ein weiterer Vorteil ist, daß man sie auch wieder mitnehmen kann, wenn der Pachtvertrag für eine Weide abgelaufen ist.

5. Die Weide

Bewegungsareal und Futterquelle

Eine Pferdehaltung ohne Weidegang ist abzulehnen, denn die Weide ist nicht nur als natürliche Futterquelle wichtig, sondern auch für die notwendige Bewegung und das Ausleben anderer arttypischer Verhaltensweisen wie Sozialkontakt, Fellpflege (Wälzen) oder Spiele mit Artgenossen. Die Weide ist der natürlichste Lebensraum des Pferdes, und deshalb sollte kein Pferd darauf verzichten müssen.

Die Weide ist als natürliche Futterquelle unentbehrlich.

5. Die Weide

Die Anlage, Pflege und Einzäunung einer Weide ist jedoch mit teils erheblichem Aufwand verbunden, den viele Pferdebesitzer oftmals scheuen. Manchmal ist es auch aus Platzgründen nicht möglich, eine genügend große Weide anzulegen. Oder es besteht keine Möglichkeit, eine Weidefläche anzupachten. Der Kauf oder die Anpacht einer Weide ist meist dann schwierig, wenn der Grund intensiv landwirtschaftlich genutzt wird, so daß durch den Anbau von landwirtschaftlichen Produkten ein höherer Gewinn erzielt werden kann als durch die Verpachtung an Pferdehaltern. Deshalb muß man auch in dieser Beziehung immer relativieren und aus der jeweiligen Situation das Beste machen.

Die ideale Größe der Weidefläche

Häufig steht den Pferdebesitzern weniger Weidegrund zur Verfügung als es für die Anzahl der Pferde ideal wäre. Damit wird die Weide oftmals übermäßig belastet, was eine sorgfältige Pflege notwendig macht, um sie weiterhin als Futterquelle nutzen zu können und nicht nur den Sinn eines Auslaufes erfüllt. Wenn man die Weide als alleinige Futterquelle (ohne Heuzufütterung) über die Sommermonate hinweg nutzen möchte, benötigt man mindestens in etwa 2000–3000 qm Fläche pro Pferd.

Ponys kommen natürlich mit weniger Weidefläche aus, und je nach abgeforderter Leistung benötigen Großpferde möglicherweise auch mehr. Wenn Pferde im leistungsmäßigen Reiteinsatz stehen, genügt die Weide allein nicht. Die Zufütterung von ausgewogenem Kraft- und Mineralfutter ist unumgänglich. Genügsame Ponyrassen und Pferde, die lediglich Erhaltungsfutter (kein Leistungsfutter) benötigen, können über die Sommermonate hinweg mit einer guten Weide als Futterquelle auskommen.

Die Weide ist eine sehr wichtige Nahrungsquelle.

Stehen größere Weideflächen zur Verfügung als sie für die Ernährung der Pferde im Sommer über notwendig wären, bietet sich die Heugewinnung aus den überschüssigen Grasflächen an. Mit 5000 qm Weide kann man ein Pferd das ganze Jahr über ernähren.

Allerdings werden nicht alle Pferdehalter sich mit den zum Heuen notwendigen Gerätschaften wie Traktor, Heuwender und Heupresse ausstatten, weil dies nicht nur eine Zeit- und Aufwandsfrage, sondern auch häufig eine Platzfrage ist, um die Gerätschaften unterzubringen. Daß außerdem überschüssige Weideflächen zur Heugewinnung vorhanden sind, ist ebenfalls nicht die Regel.

Deshalb werden die meisten Pferdebesitzer das für den Winter notwendige Heu vom Landwirt zukaufen.

Wenn eine Weide nicht die entsprechende Größe aufweist, um damit den ganzen Pferdebestand über den Sommer hinweg zu ernähren, ist es sinnvoll, die Tiere nur stundenweise grasen zu lassen und den fehlenden Bedarf mit der Heufütterung aufzufüllen. Die zeitweilige »Nur-Gras-Fütterung« ist in diesem Fall nicht sinnvoll, weil dann zu früh im Jahr auf die reine Heufütterung umgestellt werden muß.

Auch unter dem Aspekt, daß eine zu rasche Umstellung auf reine Grasfütterung Koliken und Hufrehe begünstigt, ist die Teilfütterung sinnvoll.

Die Weide kann auch als Reitplatz oder Longierzirkel Verwendung finden.

5. Die Weide

Weitere Nutzungsmöglichkeiten

Eine Weide, die hauptsächlich zur Ernährung der Pferde gedacht ist, benötigt eine intensive Pflege, die im nächsten Abschnitt eingehender besprochen wird. Wem es jedoch nicht möglich ist, der Weide die notwendige Pflege zukommen zu lassen, weil ihm unter Umständen die dafür notwendigen Gerätschaften fehlen, wird sich damit abfinden müssen, daß die Qualität der Weide sehr bald nachlassen wird, und die Ernährung der Pferde nicht mehr optimal sichergestellt ist. Der Grasertrag wird geringer und ungenießbare Pflanzen beginnen zu wuchern.

Obwohl die Anschaffung von Geräten zur Pflege (zum Beispiel Balkenmäher) immer eine Überlegung wert sein soll, um die Qualität der Weide zu erhalten, kann man aber Weideflächen auch noch anderweitig nutzbar machen.

Vor allem, wenn zu große Weideflächen vorhanden sind oder nicht die Ernährung, sondern die Bewegung der Pferde im Vordergrund der Weidehaltung stehen soll. In diesem Fall kann es

5. Die Weide

dem Pferdehalter ziemlich egal sein, wenn Unkräuter auf den Weiden sprießen, solange es sich nicht um Giftpflanzen handelt. Es ist dann auch nicht wichtig, wenn die Grasnarbe zerstört wird. Neben der Möglichkeit einer sehr freizügigen Bewegungsmöglichkeit für die Pferde, können die Weiden auch als Reitplatz oder Longierzirkel Verwendung finden.

Dies ist sicherlich sinnvoll, wenn junge Pferde (schon aus Sicherheitsgründen) innerhalb eines umschlossenen Terrains gearbeitet werden sollen und kein Reitplatz oder Reithalle zur Verfügung steht.

Für diese Zwecke sollte man jedoch einen Abschnitt der Weide abtrennen (hilfreich ist hierfür ein mobiler Elektrozaun), denn es ist vom psychologischen Standpunkt aus wichtig, Arbeits- und Ruheplätze zu trennen. Die Weide soll für ein Pferd Entspannung, Erholung und Nahrungsaufnahme bedeuten, kurz gesagt: Freizeit.

Wenn in den dafür vorgesehenen Arbeitsbereichen (Reitplatz, Longierzirkel) kein Futter verabreicht wird und die Plätze auch nicht als Auslauf (also Ruheplätze) benutzt werden, wird dem Pferd viel schneller klar, daß in diesen Bereichen Arbeit angesagt ist – und zwar nur Arbeit. Hält man sich konsequent an diese Regelung, kann man intensiver arbeiten, weil sich die Pferde im Arbeitsbereich besser konzentrieren und keinen Gedanken an Futter, Spiel oder Ruhe verschwenden.

Weidewirtschaft

In der Regel soll die Weide neben der Bewegungsmöglichkeit vorwiegend aber der Ernährung der Pferde dienen. Damit immer saftiges und schmackhaftes Gras wächst, müssen eine Menge Dinge berücksichtigt werden. Eine intensive Weidepflege – notfalls per mühsamer Handarbeit – muß sichergestellt sein, wenn man nicht von Jahr zu Jahr ein geringeres Nahrungsangebot für die Tiere vorfinden will. Es ist für den Pferdehalter wichtig, die Beschaffenheit der Weide beurteilen zu können, damit er unerwünschte Pflanzen gezielt bekämpfen und das Grünland systematisch düngen kann.

Dazu gehört das Bestimmen der Bodenqualität sowie das Wissen über die verschiedenen Pflanzenarten, deren Voraussetzungen für ihr Wachstum, mögliche giftige Formen und über den Nährstoffgehalt wertvoller Futterpflanzen.

DIE WEIDE-PFLEGE

Zur Entwicklung einer Weide gehören neben der Bodenart und dem Pflanzenbewuchs (der keineswegs immer denselben Status aufweist) auch Faktoren wie Klima, Lage und Nutzung.

So gibt es lehmige, sandige oder moorige Böden, die Einfluß auf die Beschaffenheit der Weide haben. Sie fördern den Wuchs bestimmter Pflanzen oder dämmen ihn ein, deshalb ist eine durchdachte Düngung notwendig, um eine Bodenverbesserung und damit eine größere Fruchtbarkeit der Weide zu erreichen.

5. Die Weide

Herbstzeitlose: Normalerweise meiden Pferde giftige Pflanzen, doch sollte man sich nicht darauf verlassen.

Ist der Boden beispielsweise sehr sandig, kann man ihm mit Kompostdüngung zu mehr Humusanteil verhelfen und damit den Pflanzenwuchs aktivieren. Wird eine Weide sehr stark belastet (extreme Beweidung), verschwinden bestimmte empfindliche Gräser, und das Unkraut (= unerwünschte oder auch giftige Pflanzen) kann sich verstärkt ausbreiten, weil es von den Pferden nicht abgeweidet wird. Diese Gräser können ihre Samen ohne Behinderung ausstreuen und nehmen den kürzeren, weil abgefressenen Gräsern das Sonnenlicht.

Will man den Unkrautwuchs eindämmen, hilft nur gezieltes Vorgehen mit speziellen Düngemaßnahmen, Ausmähen oder Ausgraben von Wurzeln bestimmter Pflanzen.

Ein klassisches Beispiel für eine platzraubende Pflanze, die sich zu Lasten von erwünschten Gräsern und Kräutern sehr stark ausbreitet, ist der Klee.

Er nimmt oftmals stark überhand, weil ihm durch die Beweidung des Bestandes keine hohen Gräser das Sonnenlicht wegnehmen, das sein Wachstum begünstigt.

Außerdem kommt ihm der (durch die Pferdehufe entstandene) trittfeste Boden entgegen.

Klee wird von Pferden zwar sehr gerne gefressen, kann aber in größeren Mengen sehr schädlich sein und gefürchtete Krankheiten vom einfachen Durchfall über Koliken bis hin zur Hufrehe auslösen. Vor allem Ponys sind stark gefährdet und verfetten auf Kleewiesen sehr schnell, da Klee rohfaserarm ist, dafür aber viel Eiweiß enthält.

Die Ausbreitung des Klees kann man verhindern, wenn man das Gras des öfteren hochwachsen läßt und von der Weide zwischendurch Heu produziert. Bei bereits stark wucherndem Kleebestand kann man mit Kalkstickstoff düngen, um das Kleewachstum zu reduzieren.

Ebenso unerwünscht ist die Ausbreitung von Sauerampfer, der zwar nicht giftig ist, den Pferden aber nicht schmeckt und deshalb verschmäht wird.

Da der Sauerampfer eine starke Samenproduktion und ein tiefes Wurzelwerk hat, ist er nicht einfach zu bekämpfen. Am besten, man sticht ihn vor der Samenreife aus. Das ist zwar etwas

5. Die Weide

mühsam, ist der Sauerampfer aber erst einmal hochgewachsen, verunstaltet er das Weidebild und raubt den hochwertigen Futterpflanzen den Platz.

Brennessel liegenlassen oder in den Auslauf geben, denn im getrockneten Zustand werden sie von den Pferden gerne gefressen.

Pferdehalter, sich über giftige Pflanzen zu informieren.
Gerade in Gartenanlagen werden Ziergewächse bevorzugt angepflanzt, die oftmals für

Unerwünschte Pflanzen wie der Ampfer verdrängen die wertvollen Gräser.

Wenn Brennessel auf der Weide wuchern, empfiehlt es sich, diese einfach nur regelmäßig abzumähen.
Dadurch wird sie zugunsten anderer Gräser zurückgedrängt. Man kann die abgemähten

Die für Pferde giftigen Pflanzen sollte jeder Pferdehalter kennen und möglichst von der Weide entfernen.

Sehr wichtig ist es für den

Pferde giftig sind (Lebensbaum, Eibe, Goldregen, Schneeball, Rhododendron, Liguster, Farne, Akazie oder Tollkirsche, um nur einige zu nennen). Auf Ausritten ist deshalb ganz besonders darauf zu achten, daß die Tiere

5. Die Weide

nicht am Wegesrand naschen. Aber auch auf der Weide können sich giftige Blumen ansiedeln wie zum Beispiel der Hahnenfuß (der übrigens in frischer Form giftig ist, in getrocknetem Zustand dagegen – als Heu – die Giftstoffe abgebaut hat).

Normalerweise meiden Pferde giftige Pflanzen, doch sollte man sich nicht darauf verlassen. Des öfteren ist es bereits vorgekommen, daß Weidetiere an giftigen Pflanzen, die sie wohl irrtümlich gefressen hatten, verendet sind.

Manche Gewächse – beispielsweise die Eibe – sind so stark giftig, daß bereits ein kleines Zweiglein reicht, um den Tod herbeizuführen.

Zur allgemeinen Weidepflege gehört neben dem gezielten Düngen und Ausmerzen von unerwünschten Pflanzen auch das Ausmähen und Entmisten der Geilstellen, die sich ansonsten zu stark ausbreiten und der Verwurmung der Pferde Vorschub leisten würden.

Schließlich sollte die Weide im zeitigen Frühjahr (wenn es keinen Frost mehr gibt, aber das Graswachstum noch nicht begonnen hat) gewalzt werden, damit der durch den Frost aufgeworfene Boden wieder gefestigt wird.

Einteilen der Weidefläche

Wenn genügend Weidefläche vorhanden ist, empfiehlt sich die Aufteilung der Weide in mehrere Abschnitte, die abwechselnd beweidet werden. Ist der Weidegrund so groß, daß ein Teil auch der Heugewinnung dienen kann, ist es günstig, wenn man jedes Jahr einen anderen Abschnitt zum Heuen reserviert.

Dabei kann sich die Weide von Huftritten und starkem Abbiß wieder erholen, so daß der Grasbestand gefestigt wird, ohne daß zusätzlich nachgesät werden muß.

Für eine wirtschaftliche Nutzung der gesamten Weidefläche wird eine Aufteilung in acht bis zehn kleineren Koppeln empfohlen, die im Wechsel von fünf bis acht Tagen beweidet werden.

Niemals sollte man eine Weide aber zu stark abweiden lassen, da sonst das Wurzelwerk der Gräser zerstört wird und schließlich Kahlstellen entstehen.

Um dem Laufbedürfnis der Tiere nachzukommen, ist es günstiger, die Koppeln in langrechteckiger Form einzuteilen als in quadratischer. Für die Weidepflege wird auch häufig zu einer Wechselbeweidung mit Rindern oder Schafen geraten, weil die Wiederkäuer die von Pferden verschmähten Gräser abfressen (vor allem auch die Geilstellen).

Doch kaum ein Pferdehalter kann dies in der Praxis bewerkstelligen, weil es ihm schon aus Platzgründen meist nicht möglich ist, nun auch noch Rinder oder Schafe in den Stall mit aufzunehmen.

Da eine ausreichend große Weide den wenigsten Pferdehaltern beschieden ist, kommt eine Unterteilung in acht Abschnitte selten in Betracht.

Doch auch schon eine Abtrennung in drei oder vier Teile ist sinnvoll.

Praktisch kann auch der »wandernde« Weidezaun seih, bei dem mit einem mobilen Elektrozaun immer mehr Weidefläche zum Abgrasen freigegeben wird, indem man ihn täglich um ein paar Meter weiter zurücksetzt. Dabei kann man die Pferde den ganzen Tag über auf der Weide lassen, ohne daß sie sich fett fressen. Da die Tiere jedoch auch den abgegrasten Teil im Laufe des Tages immer stärker verbeißen und durch Huftritte schädigen, kann die Weide auf diese Weise sehr stark strapaziert werden.

5. Die Weide

Die Weide im Winter

Durch lange Frostperioden kann die Grasnarbe einer Weide Schäden davontragen, wenn sie nicht wenigstens durch eine Schneedecke geschützt ist.
Wenn Schnee liegt und der Untergrund gefroren ist, können die Pferde ohne Probleme die Weide betreten. Pferde lieben den Schnee und genießen einen ausgiebigen Galopp auf zugeschneiter Weide. Man wird auch beobachten, daß die Tiere mit den Hufen den Schnee wegscharren, um an die letzten darunter liegenden Gräser zu gelangen.
Auch Geilstellen werden jetzt eifrig aufgescharrt, um an das noch spärlich vorhandene Grün zu kommen. Die Weide muß im gefrorenen Zustand nicht gesperrt werden, weil kaum Schäden entstehen können, jedoch wird sie überwiegend dem Bewegungsbedürfnis der Pferde dienen, nicht aber der Futteraufnahme. Anders sieht es jedoch aus, wenn ein milder Winter ins Land gezogen ist. Die Wiesen sind dabei durchnäßt und jeder Huftritt reißt die Grasnarbe auf. Auch eine Schneedecke kann einen angetauten Boden kaum schützen, so daß zu diesen Zeiten striktes Weideverbot gelten muß.

Wenn der Untergrund gefroren ist, kann die Weide ohne Einschränkung von den Pferden betreten werden.

5. Die Weide

Der Weidezaun

Grundsätzlich muß ein Weidezaun so ausbruchs- und verletzungssicher wie möglich sein. Bei den Überlegungen, für welchen Zaun man sich letztendlich entscheidet, spielen aber auch Weidegröße und die damit verbundenen Kosten eine nicht unerhebliche Rolle. Aber auch die Pferderasse sollte man nicht unberücksichtigt lassen, denn manche Pferdetypen lassen sich innerhalb eines einfachen Elektrodrahtes problemlos halten, während andere selbst 1,50 m hohe Zäune durchbrechen oder überspringen.

FESTE KON-STRUKTIONEN

Der typische Zaun für eine Pferdeweide ist ein Holzzaun aus Rundstangen, der sich auch sehr schön in die Landschaft einfügt.

Der Holzzaun ist stabil und für die Pferde gut sichtbar und somit der Favorit bei der Materialwahl für einen Weidezaun.

Einziger negativer Aspekt ist sein hoher Preis, wenn man einen wirklich stabilen Zaun errichten will.

Ratsam ist außerdem die Verwendung von kesseldruckimprägnierten Hölzern, die eine Mindesthaltbarkeitsdauer von zehn Jahren haben.

Nicht imprägnierte Holzstangen und -pfosten faulen sehr schnell und müssen bereits nach zwei bis drei Jahren erneuert werden.

Die Sicherheit hat bei einem Weidezaun Priorität.

Wer sich für einen Holzzaun entschieden hat, sollte zwei Meter lange Pfosten wählen, die ca. 60–70 cm tief in den Boden gerammt werden. Dabei ergibt sich eine Zaunhöhe von etwa 1,30–1,40 m, die für die Pferdehaltung im Normalfall ausreichend ist.

Der Pfostenabstand sollte 3,50 m nicht übersteigen, um eine solide Stangenverbindung zu gewährleisten. Mindestens zwei – besser aber drei – Querstangen werden an die Pfosten genagelt oder mit Holzverbindern fixiert.

Die Pfosten sollten einen Durchmesser von ca. 14 cm haben, während man bei den Querstangen mit einem Mindestmaß von 10 cm auskommt.

Alternativ zum Baustoff Holz kann man auch Kunststoffzäune wählen, die ebenfalls eine gut sichtbare Barriere ergeben und stabil sind. Je nach Art sind Kunststoffzäune aber immens teuer und kommen deshalb für größere Weiden sicher nicht in Frage.

Je kleiner eine Weide ist, desto größer ist das Ausbruchsrisiko, weil die Pferde auf kleinen Koppeln häufiger mit dem Zaun konfrontiert werden als auf großen Weiden. Deshalb werden Holzzäune auch öfters angenagt, wenn ein kleiner Auslauf damit eingezäunt wird, als wenn es sich um eine größere Weide handelt.

Die Gräser außerhalb des Weidezauns scheinen besonders verlockend zu sein, denn mit Vorliebe strecken die Tiere ihre Hälse zwischen den Stangen hindurch, um das Grün jenseits des Zauns zu ergattern. Dabei drücken die Vierbeiner gegen den Zaun, wodurch die Pfosten

5. Die Weide

Holzzäune sind stabil, ausbruchsicher und gut sichtbar.

langsam locker werden und schließlich keinen Halt mehr bieten. Auch Querstangen wurden auf diese Weise schon durchgedrückt. Man kann deshalb nur dazu raten, die feste Zaunkonstruktion mit einem zusätzlichen Elektrodraht zu versehen, der die Pferde davon abhält, sich am Zaun zu schaffen zu machen.

Der Elektrozaun

Eine preisgünstigere Lösung ist die Umzäunung der Weide mit Elektrodraht oder -bändern. Der blanke Elektrodraht, der in der Regel als Umzäunung für Rinderweiden gewählt wird, ist jedoch für Pferde völlig ungeeignet. Der dünne Draht wird von den Pferden häufig übersehen, so daß sie blindlings in den Zaun rennen könnten.
Schwere Verletzungen sind dabei vorprogrammiert.
Aus diesem Grund ist es sehr wichtig, daß die Pferde den Zaun gut sehen können, ideal ist es, wenn der Zaun eine sicht-

5. Die Weide

Nicht imprägnierte Pfosten faulen schnell ab. Dieser Zaun ist keinesfalls mehr sicher genug.

bare Barriere darstellt. Dies kann man mit einem Elektrodraht nicht erreichen.
Bestenfalls bieten sich Elektrobreitbänder an, von denen es verschiedene Ausführungen gibt. Dabei sind vier Zentimeter breite Kunststoffbänder empfehlenswert, die für die Tiere gut sichtbar sind. In die meist weißen Bänder sind dünne, stromführende Drähte eingeflochten. Bei Berührung erhält das Pferd einen leichten Stromschlag, der sehr unangenehm ist. Die meisten Pferde merken sich diese schlechte Erfahrung sehr gut und vermeiden jede weitere Berührung mit dem Band.
Daher kann man die meisten Pferde mit dem Elektrozaun sehr sicher hüten, weil sie großen Respekt vor den stromführenden Bändern haben.

Ein Weidezaun muß stets gut sichtbar sein.

Probleme kann es jedoch geben, wenn Pferde in Panik geraten und Hals über Kopf über die Weide stürmen. Dabei kann es dann allerdings passieren, daß

5. Die Weide

Mit einem Elektrozaun kann man die meisten Pferde sehr gut hüten.

5. Die Weide

sie blindlings den Weidezaun durchbrechen. Die Pferde können sich dabei verletzen, und sehr wahrscheinlich werden die Bänder reißen, so daß die Tiere letztendlich ausbrechen.

Die beste Lösung ist deshalb, einen festen Holzzaun mit einem Elektrozaun zu kombinieren. Hierbei sind alle Sicherheitsfaktoren erfüllt. Eine Alternative ist aber auch ein Zaun mit ca. 15 cm breiten Gummibändern, die mittlerweile auch schon am Markt angeboten werden. Die Gummibänder sind sehr stabil und reißfest und vor allem verletzungssicher.

Ein Pferd, das in einen Gummizaun hineinläuft, kann nicht durchbrechen, sich aber auch kaum verletzen, weil das Material leicht nachgibt, jedoch nicht reißt.

Ein zusätzliches Elektroband oder -seil (hier reichen dünne Ausführungen) kann aber auch bei dieser Konstruktion nicht schaden. Nachteil der Gummizäune ist, daß sich die Bänder im heißen Sommer dehnen und dann zwischen den Pfosten teils schlapp durchhängen, wenn man sie nicht ständig nachspannt.

Für welchen Zaun man sich letztendlich entscheidet, hängt auch von der Lage der Weide ab. Wenn die Weide sehr abgelegen und keine vielbefahrene Straße in der Nähe ist, bleibt die Unfallgefahr viel geringer, wenn die Pferde einmal tatsächlich ausbrechen sollten. Liegt die Weide jedoch direkt an einer Straße (oder in näherer Umgebung), darf man in keinem Fall ein Risiko eingehen, hier ist der sicherste Zaun gerade gut genug.

WEIDETORE

Eine häufige Schwachstelle bei Weideumzäunungen sind die Tore. Um die Tiere auf die Weide zu bringen oder sie auch wieder von der Weide zu holen, sind Tore notwendig.

Diese müssen auch so breit sein, daß man mit Fahrzeugen (Traktor) passieren kann, um beispielsweise die Weide abzuschleppen oder auch einmal das Gras zu mähen.

Weil die Pferde immer auch durch dieses Tor geführt werden, wissen sie, daß hier die Möglichkeit vorhanden ist, die Weide zu verlassen. Abends stehen die Tiere dann oftmals schon am Tor und warten, bis sie in den Stall geführt werden. Die Pferde werden also mit dem Tor stärker konfrontiert als mit jeder anderen Stelle des Weidezauns. Aus diesem Grund muß das Weidetor besonders stabil und sicher verschlossen sein.

Eine zusätzliche Gefahrenquelle können unvernünftige Spaziergänger sein, die möglicherweise unbedacht das Weidetor öffnen, weil sie vielleicht die Pferde streicheln wollen. Die Vierbeiner bemerken sehr schnell, wenn das Tor geöffnet wird und stürmen dabei nicht selten auf den Ausgang zu.

Die Spaziergänger bekommen angesichts einer heranstürmenden Herde Angst und suchen schnellstens das Weite – die Tiere rasen in die Freiheit.

Diese, aber auch andere Möglichkeiten (zum Beispiel Diebstahlsicherung) muß man bei der Konstruktion eines Tores in Betracht ziehen. Es muß also in jedem Fall mit einem Schloß verriegelt werden, damit Unbefugte keine Chance haben, das Weidetor zu öffnen.

Außerdem muß ein Weidetor besonders stabil sein, damit es den Pferden nicht möglich ist, es zu durchbrechen.

Deshalb empfiehlt es sich, auch hier das Tor zusätzlich mit einem Elektroband zu sichern. Hierfür gibt es spezielle Torfedern, die man zum Öffnen nur auszuhängen braucht.

6. Tips rund um den Pferdestall

Wasserversorgung

Ein sehr wichtiger Faktor bei der Pferdehaltung ist die Wasserversorgung, die nicht immer ohne Probleme zu bewerkstelligen ist. Je nach Lage und Ausführung des Stalls kann die Versorgung mit Wasser vor allem dann problematisch sein, wenn kein natürliches Gewässer (Bach) oder Leitungswasser über das öffentliche System vorhanden ist. Zur Pferdepflege (kühle Dusche im Sommer, Hufpflege oder Reinigung von Zubehör) ist ebenfalls Wasser notwendig.

Die Versorgung der Pferde sollte möglichst artgerecht erfolgen.

6. Tips rund um den Pferdestall

Die Tränkung der Pferde wird aber immer im Vordergrund stehen, denn diese muß in jedem Fall sichergestellt sein, will man nicht die Gesundheit der Tiere aufs Spiel setzen. Wassernot bedeutet für die Tiere immer eine Qual.

VERSCHIEDENE SYSTEME

Bei jeder Arbeit ist man bestrebt, sich diese so einfach wie möglich zu machen. Die Stallarbeit ist besonders aufwendig, so daß man immer auf der Suche nach raffinierteren Lösungen ist, um die Versorgung der Pferde nach deren Bedürfnissen, aber ohne viel Aufwand, zu gewährleisten.

Den Pferden sollte stets frisches Wasser zur Verfügung stehen, damit sie ihren Durst löschen können, wann immer sie wollen. Am praktischsten ist es deshalb, wenn am Stall ein Wasseranschluß vorhanden ist.

Dann lassen sich Selbsttränken installieren, mit denen die Tiere frisches Wasser selbst abrufen, wenn sie mit der Nase gegen einen Hebel drücken, der in der Tränke eingebaut ist.

Die Pferde lernen die Bedienung einer Selbsttränke sehr schnell, und der Pferdehalter hat keine Arbeit mit Wasserschleppen. Dennoch muß er täglich die Selbsttränken auf ihre Funktionstüchtigkeit überprüfen und die Tränkebecken von Verunreinigungen säubern.

Wenn kein Wasseranschluß am Stall vorhanden ist, gibt es den nächsten Wasserhahn vielleicht am angrenzenden Haus. Ist es dabei nicht möglich, die Wasserleitung bis zum Stall zu verlängern, muß das Wasser mit Eimern herangeschafft werden, was sehr mühsam und bei einem größeren Pferdebestand auch zeitraubend ist.

Eine Erleichterung kann man sich in jedem Fall schaffen, wenn man einen Schlauch verlegt und größere Tränkbehälter bereitstellt und diese täglich auffüllt.

Gerade für die Weidehaltung eignen sich auch größere Behälter, in denen das Wasser sogar zwei bis drei Tage – je nach Witterung, Fassungsvermögen und Pferdebestand – vorhält.

Nach jedem dritten Tag sollte der Tränkbehälter jedoch vollständig entleert, gesäubert und wieder frisch gefüllt werden.

Weil Pferde von Natur aus immer nur von Bodennähe Wasser aufnehmen, sollten sowohl die Selbsttränken als auch Wasserbehälter tief angebracht sein oder auf dem Boden stehen. Für Wasserbehälter auf der Weide oder im Offenstall eignen sich beispielsweise Mörtelkästen mit einem Fassungsvermögen von 65–90 l.

Bei größerem Pferdebestand kann man davon zwei oder drei Behälter nebeneinander aufstellen. Man muß sie nicht unbedingt verteilen, weil sich die Pferde normalerweise nie lange beim Trinken aufhalten und die Tiere auch nicht alle exakt zur selben Zeit zur Tränkstelle gehen, so daß es sicher nicht zu Rangeleien an der Wasserstelle kommen wird.

Den Pferden muß immer frisches Wasser zur Verfügung stehen.

Sehr gut lassen sich aber auch alte, gußeiserne Badewannen verwenden, die noch auf »eigenen Füßen« stehen.

Diese sind unheimlich schwer, daß sie selbst von Pferden kaum umgestoßen werden können. Darin kann ein großer Wasservorrat bereitgehalten werden, und zum Wechseln des Wassers und Reinigen der Wanne zieht man einfach den Stöpsel aus dem Ablauf.

Das Tränken aus Eimern ist dann notwendig, wenn die Tiere in einzelnen Boxen untergebracht sind und für jedes Pferd ein eigener Wasservorrat bereitgestellt werden muß. Zum Zeitvertreib stoßen viele Pferde

Die natürliche Wasserversorgung durch einen Fluß ist meist nicht gegeben.

6. Tips rund um den Pferdestall

den Wassereimer um und kikken ihn in der Box herum oder fassen ihn mit ihren Zähnen. Deshalb muß der Eimer gut fixiert werden – ihn nur in eine Ecke der Box zu stellen, reicht nicht aus.

Man kann einen Eisenring an der Boxenwand anbringen, in den der Eimer gerade hineinpaßt, um ihn an der Wand zu fixieren. Dieser (halbrunde) Eisenring muß allerdings mindestens auf Brusthöhe angebracht werden, weil die Pferde daran ansonsten mit den Hufen hängenbleiben könnten, wenn gerade kein Eimer darin steht.

Etwas höher angebracht, benötigt man nun auch eine Abstellfläche für den Eimer, damit dieser nicht durch den Eisenring hindurchrutscht. Die Abstellfläche baut man am besten mit einem dicken Brett, das halbrundförmig ausgeschnitten wird (damit sich kein Pferd an den Kanten verletzen kann), und stützt es mit einer Latte schräg gegen die Boxenwand ab.

Doch auch dieser selbstgezimmerte Eimerhalter (es gibt aber auch welche zu kaufen) hält viele Pferde dennoch nicht davon ab, den Eimer mit den Zähnen zu packen und durch die Box zu schleudern.

Um dies zu verhindern, muß der Eimer zusätzlich mit dem Henkel und einer festen Schnur am Eimerhalter angebunden werden. Oftmals wird der Tränkeimer aber auch nur dann als Spielzeug mißbraucht, wenn kein Wasser mehr im Eimer ist. In diesem Fall kann man es ruhig als Protestaktion des Pferdes ansehen, wenn es den leeren Wassereimer durch die Gegend wirft. Beim Tränken also immer für gut gefüllte Eimer sorgen!

Wer das Wasser mit Eimern heranschleppen muß, kann sich die Arbeit wenigstens damit erleichtern, wenn er den Eimer mit einer reißfesten Mülltüte auskleidet und das Wasser in die Tüte füllt. Beim Tragen des Eimers kann man die Tüte mit der Hand umfassen und gleichzeitig den Henkel des Eimers greifen.

So geht kein Tropfen Wasser verloren, auch wenn es noch so schwappt. Zum Wasserholen eignet sich auch ein Zehn-Liter-Kanister sehr gut, der mit einem Schraubverschluß verschlossen werden kann.

Wasserversorgung im Winter

Problematisch ist oftmals die Wasserversorgung im Winter, wenn es Werte unter 0 °C hat, und das Wasser einfriert. Dabei besteht die Gefahr, daß die Leitungen der Selbsttränken zufrieren, was zu Schäden und Rohrbrüchen führen kann.

Außerdem stehen die Pferde schließlich im Trockenen da und haben keinen Tropfen mehr zu trinken. Wer keine frostsicheren Selbsttränken im Stall hat, muß die Wasserzuleitung frühzeitig absperren und auf Eimertränkung umstellen.

Doch auch im Eimer friert das Wasser ein, und in strengen Frostperioden verwandelt sich das Naß innerhalb weniger Stunden zu einem dicken Eisblock.

Wird das Wasser von einer dünnen Eisschicht überzogen, können die Pferde diese mit ihrer Nase ohne weiteres durchdrücken, um an das Wasser zu kommen. Manchmal kann man auch beobachten, daß Pferde mit ihren Hufen auf das Eis schlagen, bis es bricht und die Tiere trinken können. Doch auf solchen Einfallsreichtum sollte man sich nicht bei allen Pferden verlassen.

Schließlich nützt alles Schlagen nichts mehr, wenn das Wasser durch und durch zu einem einzigen Eisblock gefroren ist.

Es kann etwas nützen, wenn man in den Wasserbehälter ein Stück Holz legt, das zunächst im Wasser schwimmt und ein allzu

6. Tips rund um den Pferdestall

schnelles Einfrieren verhindert. Viel nützt es allerdings nicht und bald friert das Holzstück ebenfalls fest. Doch es kann trotzdem eine Hilfe sein, denn die Pferde brauchen nur das Holzstück nach unten zu drücken, um die Eisdecke zu brechen.

Bei starkem Frost aber ist auch dies nicht mehr möglich. Die beste Lösung ist das Nachfüllen mit heißem Wasser.

Damit kann man die Eisschicht auftauen. Das Wasser ist nun – je nach Mischungsverhältnis mit dem Eiswasser – kalt bis lauwarm, so daß es einige Zeit dauert, bis das Wasser wieder einfriert.

Bei einer Temperatur von minus zehn Grad bildet lauwarmes Wasser in einem 60-Liter-Trog erst nach fünf bis sechs Stunden wieder eine Eisschicht. Den Pferden steht dabei mindestens sieben Stunden lang Trinkwasser zur Verfügung.

Auf diese Weise kommt man mit zweimaligem Tränken am Tag – das heißt Nachfüllen von heißem Wasser – aus, um die Pferde gut versorgt zu wissen. Besser ist es natürlich, wenn man die Möglichkeit hat, dreimal am Tag das Wasser nachzufüllen.

Problematisch kann die Wasserversorgung im Winter sein, wenn das Wasser einfriert.

Dies geschieht am besten mit verschließbaren Zehn-Liter-Kanistern, in denen das Wasser problemlos transportiert werden kann.

Zusätzlich kann man die Tränkbehälter mit Styropor isolieren.

Auch dann bleibt das Wasser für längere Zeit eisfrei.

Schließlich sollte man für einen geschützten Standort sorgen, denn ist das Wasser eisigem Wind ausgesetzt, gefriert es um so schneller.

6. Tips rund um den Pferdestall

Tips für die Fütterung

Wer beschlossen hat, seine Pferde in einer Gruppenauslaufhaltung artgerecht unterzubringen, wird es mit einer individuellen Fütterung nicht leicht haben.

Deshalb auch die schon erwähnte Forderung, möglichst Pferde zusammenzustellen, die von Rasse, Typ, Größe und Leistungsanforderungen zueinander passen. Damit ist gewährleistet, daß die Pferde annähernd die gleiche Menge an Futter benötigen, und man sie gemeinsam füttern kann.

Eine getrennte Fütterung ist bei Pferden, die ihr Futter hastig verschlingen, oft nicht zu vermeiden.

Trotzdem können Probleme auftreten, wenn beispielsweise ein Tier hastiger frißt und somit von den vorgelegten Portionen auch mehr erwischt. Im schlimmsten Fall verfetten die einen, während die anderen letzten Endes zu mager sind.
Nun ist es aber schwierig, alle Pferde während der Freßzeiten in einzelnen Boxen unterzubringen, vor allem dann, wenn man zum Füttern erst anfahren muß. Wer hat schon die Möglichkeit, alle drei Stunden die Pferde von den Boxen in den Auslauf und vom Auslauf wieder in die Boxen zu bringen? Unrealistisch ist diese Lösung ganz besonders, wenn eine größere Herde zusammenlebt.

Andererseits kann diese Methode mit Erfolg angewandt werden, wenn man Zwischenlösungen praktiziert und die Pferde in der Nacht sowieso aufstallt.

Die Fütterungszeiten werden dann auf unmittelbar vor dem Weidegang (morgens) und direkt danach (abends) festgelegt. Trotzdem ist bei den meisten Offenställen nicht auch noch die notwendige Anzahl von Boxen vorhanden. Deshalb muß man sich einige Tricks ausdenken, um jedem Pferd seine spezielle Portion zukommen zu lassen.

Futter- neider und gierige Fresser

Bei Weidehaltung ist es notwendig, die schnell fressenden Tiere und guten Futterverwerter früher von der Weide zu holen und sie in den Auslauf zu sperren, während den mageren Tieren, die langsam fressen und das Futter schlechter verwerten, längere Freßzeiten zugesprochen werden müssen.

Anders ist es kaum möglich, die Futterrationen entsprechend zu portionieren. Man kann es lediglich damit versuchen, daß die fetten Pferde auf eine abgegraste Weide kommen, während die schlechten Futterverwerter auf einer fetten Wiese grasen dürfen.

Diese Methode kann aber auch nur dann realisiert werden, wenn die entsprechenden Voraussetzungen vorhanden sind.

Bei der Fütterung im Auslauf bleibt einem fast keine andere Möglichkeit, als die Tiere in gebührendem Abstand nebeneinander anzubinden, damit jedes seine eigene Portion in Ruhe vertilgen kann.

Ideal ist diese Lösung aber auch nicht, weil man die Pferde später wieder losbinden und deshalb über die gesamte Freßzeit der Tiere anwesend sein muß.

Wer zum Stall erst einige Kilometer anfahren muß, für den ist dies keine zufriedenstellende Lösung. Doch kann man zumindest die Kraftfutterration auf jedes Pferd individuell zuschneiden, wenn man den Pferden je-

6. Tips rund um den Pferdestall

weils einen Futtersack umhängt (es kann auch ein Eimer sein, der mit einem Band um das Genick des Pferdes gehängt wird).

Auf diese Weise erhält jedes Pferd seine genau dosierte Ration, die nach einigen Minuten bereits verschlungen ist. Dabei braucht man die Pferde nicht einmal anzubinden.

Die Gruppenfütterung kann Pferde dazu animieren, schneller und hastiger zu fressen, um möglichst viel Futter zu ergattern. Damit wird auch der Futterneid größer, wobei so manches ranghohe Tier seinen Artgenossen vehement droht, sobald diese sich an den Heuhaufen heranwagen.

Um dem Futterneid Einhalt zu gebieten, ist es eine Möglichkeit, den Sichtkontakt unter den Pferden zu verhindern. Hält man nur zwei oder drei Pferde zusammen, genügen zwei auf zwei Meter große Bretter, die zwischen den Futterplätzen aufgestellt werden.

So kann jedes Pferd seine Portion fressen, ohne von neidischen Blicken des Nachbarn gestört zu werden.

Um die Pferde daran zu hindern, daß sie ihre Portionen regelrecht verschlingen, kann es helfen, große Steine in den Futtertrog zu legen.

Damit müssen die Tiere die Steine zunächst zur Seite schieben, um an ihr Kraftfutter zu kommen.

Dabei können sie jeweils nur kleine Portionen auf einmal aufnehmen. Das Heu mischt man am besten mit gutem Stroh oder bietet es in einem Heunetz an.

Leben zwei Pferde zusammen, bei denen das eine die Tendenz zur Fettleibigkeit hat, und das andere eher mager ist, kann man dem mageren Tier zusätzliche Futterrationen verabreichen. Dies geschieht am besten dann, wenn das andere Pferd nicht anwesend ist, also beispielsweise geritten wird, um den Futterneid nicht zu fördern.

Futterraufen und Freßstände

Bei größeren Pferdebeständen haben sich sogenannte Freßstände bewährt, um den Sichtkontakt zu unterbinden und auch den rangniedrigen Pferden die Chance zu geben, ungestört ihre Mahlzeit zu vertilgen.

Die Freßstände sind gerade mal so breit, daß ein Pferd hineinpaßt.

So kann es ein ranghöherer Artgenosse nicht aus dem Freßständer vertreiben, weil er höchstens direkt von hinten herantreten kann, wobei sich das fressende Tier jederzeit durch Ausschlagen wehren kann.

Allerdings werden die Pferde auf diese Weise nicht gerade ihrer Art entsprechend gefüttert, denn die Huftiere fressen von Natur aus, während sie sich in kleinen Schritten fortbewegen.

Die natürlichste Form ist deshalb auch die Weidehaltung. Hier entsteht kein Futterneid, weil genügend Gras gleichmäßig verteilt ist.

Deshalb bietet sich bei der Fütterung im Auslauf an, das Heu auf einer Linie zu verteilen, an der sich die Pferde quasi entlangfressen können. Dabei sollte man darauf achten, daß das Heu auf sauberem Untergrund liegt, damit die Tiere nicht zu viel Schmutz mit aufnehmen.

Oftmals wird das Heu auch in Futterraufen angeboten, damit es nicht verschmutzt. Hierzu sind die Heuraufen in Augenhöhe oder sogar noch höher angebracht, wobei die Pferde gezwungen werden, in einer sehr unnatürlichen Haltung zu fressen.

Futterraufen sind deshalb nur etwas für Giraffen, nicht aber für Pferde. Der Heustaub fällt den Pferden in die Augen,

6. Tips rund um den Pferdestall

wenn sie die Heubüschel aus der Raufe ziehen. Außerdem müssen sie bei hocherhobenem Kopf den Rücken durchdrücken – auch aus reittechnischem Gesichtspunkt nicht gerade wünschenswert.

Zu tief angelegte Heuraufen können sich hingegen zu regelrechten Fallen entwickeln, weil die Tiere hineintreten und hängenbleiben können. Es ist deshalb immer besser, das Heu am Boden ohne Raufe anzubieten. Um es vor Verschmutzung zu schützen, kann man auch ein sauberes Brett unterlegen. Das ist dann sozusagen der Teller.

Will man dennoch Heuraufen verwenden, sollten sie in etwa auf Brusthöhe angebracht und mit einer Heuauffangwanne (welche zugleich als Futtertrog dienen kann) versehen sein.

Wenn das Pferd Heu aus der Raufe zieht, fallen immer einzelne Halme herab, die das Pferd schließlich wieder vom verschmutzten Boden aufsammeln würde.

Mit der Auffangwanne kann das Pferd das restliche Heu dann aus der Wanne fressen.

Hat man eine entsprechend große Wanne zur Verfügung, daß die gesamte Heuration darin Platz hat, kann man sie direkt auf den Boden stellen und das Heu generell in der Wanne vorlegen.

Heuraufen sind für Pferde ungeeignet.

Zusätzliche Überlegungen

Es ist im Rahmen dieser Ausführungen nicht möglich, alle Eventualitäten einer Pferdehaltung in Betracht zu ziehen, schon allein deshalb nicht, weil die Voraussetzungen so vielschichtig sind, daß in jedem speziellen Fall die vorgeschlagenen Lösungsmöglichkeiten nicht immer anwendbar sind. Der Pferdehalter ist deshalb gefordert, selbst Überlegungen für seine individuelle Situation anzustellen.

Hier können nur Hinweise und Tips gegeben werden, die als Gedankenstütze zu verstehen sind. Der Grundgedanke für jegliche Lösung sollte jedoch immer das Ziel einer artgerechten Pferdehaltung sein und erst in zweiter Instanz die Arbeitserleichterung des Menschen ins Auge fassen.

6. Tips rund um den Pferdestall

Die Einstreu

Wenn man die artgerechte Pferdehaltung im Gruppenauslauf und Offenstall vorzieht, hat man nicht nur Vorteile gegenüber der Boxenhaltung, weil man weniger Einstreu benötigt, sondern kann im Sommer auf die Einstreu eventuell sogar ganz verzichten, wenn der Boden des Unterstands stets trocken ist.

Die Pferdehaltung muß immer die Erfüllung der natürlichen Bedürfnisse zum Ziel haben.

Im Winter muß dafür aber dick eingestreut werden, um den Pferden eine trockene und saubere Liegestätte zu bieten.

Der Liegebereich sollte immer trocken sein, darauf ist peinlichst zu achten. Deshalb ist es nicht angebracht, an Einstreu zu sparen. Auch wenn man sehr großzügig mit den Einstreumaterialien umgeht, wird man bei der Offenstallhaltung weniger verbrauchen als bei der Boxenhaltung.

In einer Offenstallanlage können Liege- und Kotplätze getrennt werden, so daß der Kot oftmals ohne Einstreu eingesammelt werden kann und der Liegebereich länger trocken bleibt. Die Box eines Stallpferdes muß jedoch als Kot- und zusätzlich Liegebereich dienen, dabei wird die Einstreu immer verschmutzt und naß, daß sie täglich zweimal erneuert werden muß.

Dennoch kommt es nicht selten vor, daß sich Boxenpferde direkt in ihren Mist hineinlegen – sie können ihm ja nicht ausweichen. Und dies, obwohl sich Pferde von Natur aus nicht gerne in nasses oder mit Kot verunreinigtes Streu legen.

Es muß deshalb sehr unangenehm sein, sich in einer Box hinzulegen, doch das Ruhebedürfnis siegt oftmals dennoch.

Zwei Arten von Einstreumaterialien haben sich bewährt: Stroh und Sägespäne. Man wird bei der Einstreuwahl verschiedene Aspekte in Betracht ziehen.

Zunächst einmal stellt sich die Frage, welche Einstreu man günstig bekommen kann und ob ein entsprechender Lagerplatz vorhanden ist. Stroh benötigt mehr Lagerraum als Sägespäne, wird aber häufig auch als Futtermittel mit verwendet. Strohmist verrottet fast fünfmal schneller als Sägespänenmist, Mist mit beigemengtem Stroh ist bei den Bauern deshalb besser anzubringen. Ein weiterer Nachteil der Sägemehleinstreu ist, daß diese ziemlich stark staubt. Grobe Sägespäne sind deshalb dem feinen Sägemehl vorzuziehen.

Sägemehl hat eine bessere Saugkraft als Stroh, es trocknet aber auch die Hufe stärker aus. Pferde mit trockenem, brüchigem Hufhorn sollten deshalb besser auf Stroh stehen.

Man kann aber auch Sägespäne und Stroh kombinieren, was eine sehr gute Lösung ist.

Wenn der Unterstand ausbetoniert ist, bietet sich eine feste Unterlage aus Sägespäne an, auf der eine Lage Stroh gestreut wird. Ein Betonboden ist sehr kalt, doch auf diese Weise schafft man einen warmen Untergrund, den die Pferde gerne als Liegestätte nutzen.

Sollten die Tiere aus Langeweile oder Freßgier das gesamte eingestreute Stroh aufnehmen und dabei zu stark verfetten, stellt man die Pferde besser auf Sägemehl und gibt nur kleine Mengen Stroh bei.

Massnahmen gegen Holznagen

Weil es sich schöner in die Landschaft einfügt und ein wärmeres Stallklima schafft, zieht man den Baustoff Holz beim Stallbau vor. Holz wäre auch sehr zu empfehlen, wenn es die Pferde nicht allzu gerne annagen würden.

6. Tips rund um den Pferdestall

Pferde benagen Stangen, Pfosten und Bretter meist aus Langeweile.

Stangen, Pfosten und Bretter werden oft aus Langeweile angenagt, es kann aber auch eine Unterversorgung bestimmter Mineralstoffe der Grund dafür sein. Schließlich ist auch Hunger der Auslöser fürs Holznagen.
Vorsorglich sollte die Fütterung überprüft werden, vor allem muß die Mineralstoffversorgung gewährleistet sein.
Hierzu gehört eine Zusatzversorgung mit Mineralfutter sowie Salz- und Mineralecksteinen, die den Pferden ständig zugänglich sein müssen. Sind alle möglichen Ursachen überprüft, und nagen die Pferde immer noch, tun sie es in der Regel aus reiner Gewohnheit und zum Zeitvertreib.
Gegen Langeweile müssen die Tiere stärker beschäftigt werden – auch im Winter und bei eingeschränkter Reittätigkeit gibt es viele Möglichkeiten, sich mit dem Pferd zu beschäftigen, beispielsweise verschiedene Arten der Bodenarbeit. Ansonsten kann man die betroffenen Holzteile mit Hufteer bestreichen – die billigere Lösung gegenüber den vom Handel angebotenen Mitteln gegen Holznagen.
Weil man die Holzteile aber immer wieder nachstreichen muß, und die Berührung der mit Holzteer behandelten Stellen an den Händen – aber auch am Fell der Pferde – seine klebrigen Spuren hinterläßt, entscheidet man sich lieber für eine anfäng-

6. Tips rund um den Pferdestall

lich teurere Version, die sich im Laufe der Zeit aber auszahlt: Man besorgt aus dem Baumarkt Kunststoff- oder Aluminiumleisten, die man an den Ecken und Kanten der Pfosten und Bretter als Beißschutz anbringt.

Man kann den Stall auch mit Elektrodraht absichern, doch ist dies keine zufriedenstellende Lösung, weil sich die Tiere dabei nicht sehr wohl fühlen. Es muß den Pferden in jedem Fall möglich sein, sich an Pfosten und Wänden weiterhin zu kratzen und zu schubbern.

Der Auslauf

Ein guter Auslauf ist neben dem Stallgebäude an sich die teuerste Investition des Pferdehalters. Grundsätzlich gilt, je größer der Auslauf, desto besser, aber auch desto teurer das Ganze.

Die billigste Lösung ist sicherlich, lediglich einen Zaun aufzubauen und den Untergrund natürlich zu belassen. Dies ist kein Problem, solange es im Sommer trocken bleibt und im Winter gefroren ist. Doch in den Übergangszeiten im Herbst und Frühjahr weicht der Boden auf und wird matschig.

Matsch ist zwar für die Hufpflege sehr gut, jedoch nur dann, wenn die Pferde nicht ständig im Morast stehen müssen.

Wenn man sich für einen unbefestigen Auslauf entscheidet, muß zumindest ein genügend großer Stallbereich zur Verfügung stehen, in dem alle Pferde ein trockenes Plätzchen finden. Da die Pferde in mitteleuropäischem Klima im Durchschnitt einer zu starken Nässe ausgesetzt sind, ist es ratsam, den Auslauf zu befestigen. Bei kleinen Ausläufen – die eher einer Terrasse gleichen – bietet sich eine Pflasterung mit Rasengittersteinen oder Verbundpflaster an. Für größere Bereiche empfiehlt sich eine Drainage mit einer zusätzlichen Kiesschüttung. Sehr praktisch ist runder Kiesel, weil er wasserdurchlässig ist (die Pferde stehen immer auf trockenem Fuß), und er eine massierende Wirkung auf die Hufe hat. Auch die Befestigung von Teilbereichen ist sehr empfehlenswert, weil die Pferde sich den Boden aussuchen können, auf dem sie stehen und laufen möchten. Prinzipiell sind immer solche Lösungen zweckmäßig, die der Natur des Pferdes entsprechen und die Gesundheit fördern.

Deshalb ist es notwendig, daß der Pferdehalter die Bedürfnisse der Pferde genau kennt, um die richtigen Entscheidungen beim Stallbau, der Auslaufgestaltung und Zusammensetzung einer Pferdeherde zu treffen.

6. Tips rund um den Pferdestall

Nur bei einer naturnahen Pferdehaltung fühlen sich die Tiere wohl.

7. Die Ethischen Grundsätze

Grundsatz Eins
Wer auch immer sich mit dem Pferd beschäftigt, übernimmt die Verantwortung für das ihm anvertraute Lebewesen.

Grundsatz Zwei
Die Haltung des Pferdes muß seinen natürlichen Bedürfnissen angepaßt sein.

Grundsatz Drei
Der physischen wie psychischen Gesundheit des Pferdes ist unabhängig von seiner Nutzung oberste Bedeutung einzuräumen.

Grundsatz Vier
Der Mensch hat jedes Pferd gleich zu achten, unabhängig von dessen Rasse, Alter und Geschlecht sowie Einsatz in Zucht, Freizeit oder Sport.

Grundsatz Fünf
Das Wissen um die Geschichte des Pferdes, um seine Bedürfnisse, sowie die Kenntnisse im Umgang mit dem Pferd sind kulturgeschichtliche Güter. Diese gilt es zu wahren und zu vermitteln und nachfolgenden Generationen zu übermitteln.

7. Die Ethischen Grundsätze

Grundsatz Sieben

Der Mensch, der gemeinsam mit dem Pferd Sport betreibt, hat sich und das ihm anvertraute Pferd einer Ausbildung zu unterziehen. Ziel jeder Ausbildung ist die größtmögliche Harmonie zwischen Pferd und Mensch.

Grundsatz Sechs

Der Umgang mit dem Pferd hat eine persönlichkeitsprägende Bedeutung gerade für junge Menschen. Diese Bedeutung ist stets zu beachten und zu fördern.

Grundsatz Acht

Die Nutzung des Pferdes im Reit-, Fahr- und Voltigiersport muß sich an seiner Veranlagung, seinem Leistungsvermögen und seiner Leistungsbereitschaft orientieren. Die Beeinflussung des Leistungsvermögens durch medikamentöse sowie nicht pferdegerechte Einwirkung des Menschen ist abzulehnen und muß geahndet werden.

Grundsatz Neun

Die Verantwortung des Menschen für das ihm anvertraute Pferd erstreckt sich auch auf das Lebensende des Pferdes. Dieser Verantwortung muß der Mensch stets im Sinne des Pferdes gerecht werden.

Herausgeber:

„Die ethischen Grundsätze des Pferdefreundes" wurden 1995 von der Deutschen Reiterlichen Vereinigung (FN) erarbeitet und vom Verbandsrat verabschiedet.

LITERATURVERZEICHNIS

Ingolf Bender:
Handbuch Robustpferde,
Franckh-Kosmos Verlag
Stuttgart

Ingolf Bender:
Handbuch Offenstallhaltung,
Franckh-Kosmos Verlag
Stuttgart

Uta Engelmann:
Welche Haltung für
mein Pferd?
Franckh-Kosmos Verlag
Stuttgart

Renate Ettl:
Das Einmaleins der Hufpflege,
Franckh-Kosmos Verlag
Stuttgart

Renate Ettl:
Pferdewissen aus dem Wilden
Westen,
Franckh-Kosmos Verlag
Stuttgart

Maleen Junge:
Pferde hinterm Haus,
Franckh-Kosmos Verlag
Stuttgart

Jürgen Kemmler:
Mit Pferden durchs Jahr
BLV Verlag München

Wolfgang Kresse:
Pferde halten und pflegen,
Ulmer Verlag Stuttgart

Chris May:
Pferdehaltung,
Müller Rüschlikon Verlag
CH-Cham

Pirkelmann (Hrsg.):
Pferdehaltung,
Ulmer Verlag Stuttgart

A. und A. Stupperich:
Do it yourself in Stall
und Weide,
Franckh-Kosmos Verlag
Stuttgart

Hans Ullstein:
Natürliche Pferdehaltung,
Müller Rüschlikon Verlag
CH-Cham

Jutta von Grone:
Die Pferdeweide,
Müller Rüschlikon Verlag
CH-Cham

Pferde artgerecht halten und ausbilden

Colin Vogel
Das Beste für mein Pferd
Einfühlsame Pflege und Haltung – orientiert an den Bedürfnissen des Pferdes: der optisch perfekt gestaltete Ratgeber mit über 750 Farbfotos für verantwortungsbewußte Pferdebesitzer und Reiter, denen das Wohlergehen ihres Pferdes am Herzen liegt.

Martina Belzer
Der Traum vom eigenen Pferd
Voraussetzungen für ein eigenes Pferd, Entscheidungshilfen für oder gegen die Anschaffung, Grundwissen über Pferdekauf und Haltung, das Wichtigste über den richtigen Umgang mit dem Pferd.

Susanne Kappmeier
Ich möchte ein Fohlen haben
Basiswissen und Praxistips für alle, die erstmals ein Fohlen züchten möchten: Voraussetzungen, Haltung von Stute und Fohlen, Aufzucht und Erziehung des Fohlens, Kostenaspekte.

Birgit Neuhaus
Freizeitpartner Pferd
Rund um die aktive Freizeitgestaltung mit dem Pferd: beliebte Pferderassen für Freizeitreiter, geeignete Reitweisen, Grundbegriffe zum Fahren, Grundlagen der artgerechten Pferdehaltung.

Renate Ettl
Reiten in der freien Natur
Den Ausritt genießen: Vorbereitung auf Schwierigkeiten, die im Gelände vorkommen können, Tips zur Pferdeausbildung und zur Überwindung alltäglicher Hindernisse und Gefahrenstellen.

Hilke Holena
Kräuterheilkunde für Pferde
Die häufigsten Pferdekrankheiten, praxiserprobte Behandlungsmöglichkeiten mit Heilpflanzen und anderen Naturprodukten, Heilpflanzenporträts, Informationen zu Anwendung und Heilwirkung.

Im BLV Verlag finden Sie Bücher zu folgenden Themen: Garten und Zimmerpflanzen • Wohnen und Gestalten • Natur • Heimtiere • Jagd • Angeln • Pferde und Reiten • Sport und Fitneß • Tauchen • Reise • Wandern, Alpinismus, Abenteuer • Essen und Trinken • Gesundheit und Wohlbefinden

Wenn Sie ausführliche Informationen wünschen, schreiben Sie bitte an:
**BLV Verlagsgesellschaft mbH • Postfach 40 03 20 • 80703 München
Telefon 089/127 05-0 • Telefax 089/127 05-543**

Pferde verstehen – besser reiten

Handbuch Pferd
Das Standardwerk der Pferdekunde – konkurrenzlos kompetent: präzise, umfassende Informationen und fachliches Know-how von 42 hochqualifizierten Fachautoren zu den Bereichen Zucht, Haltung, Ausbildung, Sport, Medizin und Recht.

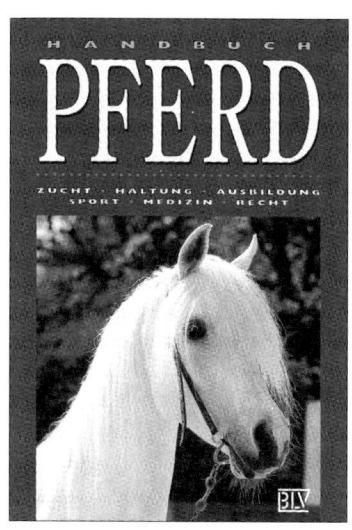

Elwyn Hartley Edwards
Die BLV Enzyklopädie der Pferde
Die ganze Welt der Pferde – der repräsentative Bildband mit über 1000 Abbildungen: Geschichte, Reitsport, Gestüte, Turniere, Zuchttrends und über 150 der wichtigsten Pferde- und Ponyrassen im Porträt.

Kerstin Diacont
Das Westernpferd · Der Westernreiter
Einfühlsame, verhaltensgerechte und folgerichtige Ausbildung des Pferdes; westernspezifische Minimalhilfengebung, Sitz und Einwirkung des Reiters in den Grundgangarten; Verstehen der natürlichen Verhaltensweisen und Reaktionen des Pferdes.

Tom Ainslie / Bonnie Ledbetter
So verstehen Sie Ihr Pferd
Fundiertes Praxisbuch über Natur, Bewußtsein und Sozialverhalten des Pferdes: viele Beispiele zu Körpersprache und Problemlösungen, Anleitungen zur Erziehung des Fohlens, Tips zum Kauf eines Pferdes oder Rennpferdes.

Selma Brandl
Harmonie im Sattel
Die moderne Reitlehre: der richtige Umgang mit dem Pferd, seine artgerechte Haltung, die Ausbildung von Pferd und Reiter in allen Reitweisen – mit vielen Abbildungen, die die Faszination der Pferde und des Reitsports eindrucksvoll vermitteln.